国外逃亡塾

普通の努力と少しばかりの勇気で
チートモードな「自由」を
手に入れる

起業家／教育革命家
しら かわ ね ね
白川寧々

はじめに

本書が目指すのは、
自由に生きたいと本気で考えるすべての読者が、
海外進出により自由を手に入れるための
超現実的な道標を書き記した、少し口うるさい冒険の地図である。

日本にいては「無理ゲー」しかプレイできない

まず、私がこの本のタイトルをして
『世界に出て楽しくワクワクすることだけしよう塾』などでは
なく、『国外逃亡塾』に振り切った理由は、
2020年現在の日本の子どもや若者世代のために
社会が用意した現状や未来が、
かなり理不尽な無理ゲーであるという不都合な真実から
目を背けるつもりがないからである。

一部の人からは、
「どうしてそんなにネガティブなんだ」
「もっと希望のあるタイトルにしようよ」
こんな声も上がったが、
例えば、右ページのグラフに表現されるような
現実の無理ゲーっぷりを直視することから始めない限り、
人を動かすことはできないのである。

このグラフが意味するのは、

受験や就活における競争を勝ち抜いたとしても、

グローバルキャリアへの道を求めず、

 国内にしか居場所のない人間

でいる限り、その人は、

この残念なグラフの一部に

ならざるを得ない！

ということだ。

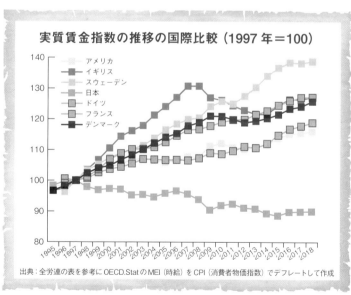

実質賃金指数の推移の国際比較（1997年＝100）

出典：全労連の表を参考にOECD.StatのMEI（時給）をCPI（消費者物価指数）でデフレートして作成

3

私がMIT在学中に日本での起業を志し、
TAKTOPIA株式会社を設立し、
全国津々浦々の中高生やその保護者、教育者たちと
総合的に関わりはじめたのは2013年のこと。
当時、大学受験のための勉強では逆立ちしても手に入れられない
グローバル活躍レベルの英語力を楽しく身につける方法や、
海外進学という道もあるよという情報だけを示せば、
彼らの選択の幅が広がると、単純に思っていた。
だが、6年間で全国をまわり、
累計1万5千人の中高生と関わって見えてきたのは
「英語と情報と楽しさだけでは、とても足りない」ということだった。

人が自分の人生をよくしようと、
目の前の快楽を先延ばしにして努力したり、
周りの人と少し違う道を歩む勇気を呼び起こしたりするには、
今、自分がプレイヤーとして存在している空間のルールが
「努力の成果を片っ端から摘み取られた上に挽回の機会もない
クソゲー」や「少し人と違うことをしただけで息をするのが苦
しくなる無理ゲー」ではなく、
「ちゃんと頑張っただけ自由度が上がるシステムである」と
納得できることが大前提である。

つまり、日本の多くの中高生には、
英語よりも、自分を取り巻く現実を正しく認識した上での
「自分にもできるよ」という確信的希望と
自由を手に入れるための具体的な道標が必要なのだ。

現実を直視しないなら、
希望は、幻想でしかない。

希望は現実をよくするための適切な行動を喚起するが、
幻想は思考停止と現状維持しか生まない。
そう、希望は、課題や問題や不都合の理解が伴わなななければ、
正しく未来を創るツールにはならないのだ。
だから、この本を手にとるあなたが高確率で抱いているだろう、
この国での自分や子どもや生徒の、
未来や現状に対する不安も焦燥も怒りも恐怖も諦めも、
それらの感情に現実的に適応した結果の
競争主義や教育軍拡主義も理解した上で、
私は、今とは違う道を歩くことになる
自由へ通じる「宝の地図」を提示したい。

超現実的な方法で自由になろう

私自身も、つい最近までは、フェリス女学院高校卒業後、
米DUKE大学経済学専攻からの米国公認会計士資格取得から
のBIG4会計コンサルファーム勤務という、
今の私を知っている人から見ると
びっくりするほど保守的なキャリアを歩いていた。
つまり、かつての私は超現実的な方法で自由になりたかったのだ。
そして、十数年経った今でも、18歳のときの選択で手に入れた
自由の大きさとその意味に戦慄している。

本書で紹介する、グローバルキャリアを前提とした大学からの
海外進学は、一部の選ばれた人だけのものではない。
学部段階で言えば、
大学に進学予定の日本人高校生全員が視野に入れて良いものだ。
大学院段階で言えば、
学びたいすべての人が視野に入れて良いものだ。
あなたが心の中でどんなワクワクを求めているか、
日本国内の枠組み内で学力が高いか低いか、
お金やリソースを持っているかいないかは、すべて関係ない。
現状や未来に対して不安や焦燥を持ち、
国内大学などを目指すときにしていただろう「普通の努力」を
する意志があるのなら、
海外へ進学し、その後の将来で、
本当の経済的自由や心身の自由を手に入れることは難しくない。
その道標について、少しばかりの勇気や普通の努力を喚起しつつ、
実行する方法まで本書では口うるさく書いている。

勇者を『助ける「召喚獣」になりたい

私は人を自由にしたいのだが、正確にはそこに語弊があって、

 人は自分の力と意志でしか、
自由になれない。

自分の力でしか英語の点数は上げられないのと、

自分の力でしか
大学や高校や採用試験に合格できないのと、
同じ理屈だ。

召喚獣

だから、自由を希求する勇者たちにとっての
私の役割は、せいぜいが冒険の道を照らしたり、
難しい戦いの中でMP（マジックポイント）と引き換えに
メガフレアを噴射したりする「召喚獣」だ。
ドラクエやFF（ファイナルファンタジー）をはじめとする
冒険系RPGをやったことがある人ならおなじみの概念だが、
ゲームによく出てくる「召喚獣」はたいてい異世界に住み、
人と獣を合わせたような怖い見た目をして人語を話し、
パーティ（行動を共にする仲間のグループ）との契約によって
力を貸すときだけ召喚魔法によって呼び出される
「精霊」や「魔物」のような存在だ。
しかも、物語の展開に「召喚獣」が登場するのは必須じゃない。
呼び出すかどうかはあくまでも勇者が選ぶことだし、
戦いに勝利しても敗北しても、その栄光や責任は勇者に帰属する。
でも、ゲームによっては
チートに近いくらい強い攻撃をする召喚獣もいる。
日本の若者を待ち受けるデフォルトの未来は
もう十分理不尽な理由でハードモードなのだから、
私が介入することで、みんなが使えるチートモードが生まれたら、
これほどうれしいことはない。

2020年4月   白川寧々

国外逃亡塾

普通の努力と少しばかりの勇気で
チートモードな「自由」を手に入れる

* * *

Contents

Stage 1 「世界」に出て 経済的自由を 手に入れよう

Stage 2 意外と身近な「宝の地図」を紹介しよう

Stage 3 10、15、25、35歳に捧げる、冒険前の「レベル上げ」の心得

Stage 4 大人が発揮すべき「リーダーシップ」について語ろう

Stage 5 「沈みかけた船」の現実を直視しよう

Stage
6

やりたいことを探す、英語とGoogle の使い方

本書で紹介する Web サイトなどの URL は、アルクのデジタルメディア「ENGLISH JOURNAL ONLINE」でもまとめてご紹介しています。
URL：https://ej.alc.co.jp/nenemiso_exit
オマケの原稿なども掲載予定なのでぜひご覧ください！

編集協力	野村佳代・青木啓輔（アスラン編集スタジオ）
表紙・本文デザイン・DTP	アスラン編集スタジオ

イラスト	istockphoto.com/Artis777
	istockphoto.com/denisgorelkin
	istockphoto.com/gdainti
	istockphoto.com/non157

Stage 1

「世界」に出て
経済的自由を
手に入れよう

自分の居場所を世界規模で確保しよう

この本の読者対象は、
国外の高等教育機関への進学を志すことによって、
世界規模で自分の居場所を確保したいすべての人だ。
高校生向けには大学の学部、
大学生や社会人向けには大学院への進学の仕方、
および卒業後のキャリアオプションを
自分で調べる際にも参考になる情報を詰め込んだ。
進学から卒業までにかかる費用も、
「めっちゃ安い（学費が無料で、寮なども無料で住居費が浮く留学）」から
「結構高い」と、幅広いレンジを網羅する。
英語の勉強メソッドと違い、
世界のキャリア事情は情報鮮度が重要になるトピックなので、
2020 年春時点の情報という点に注意して
読み進めてもらいたい。

普通の受験にメリットはない

現状、日本育ちの日本人高校生が
日本の四年制大学に進むメリットは何一つない。

特に私が紹介する道たちは、
どれもみな「超簡単！」「お手軽！」ではない。
そういう詐欺まがいのことをうたっているあっせん業者は
昔から軽蔑している。

**英語圏で多くの人間に必要とされるスキルを手に入れたり、
キャリアを切り開いたりするためには、
それなりの努力が要求される。**

だが、努力の絶対量や能力の要求値において、
今の日本の若者が経験する普通の大学受験と比べたら、
実はそんなに変わらない。
**しかも、日本における序列でしかない偏差値は
ある程度無視できるので、
多くの学生にとってむしろ簡単なくらいだ。
それなのに、費用対効果は絶大である。**

一般的に考えると、
日本の今の高校生世代にとって、
偏差値に見合った
普通の日本の四年制大学に進む
メリットは何一つない。

私は別に、日本の大学をディスりたいわけでも、
昔と比べて劣化したと嘆きたいわけでもない。
授業の質が低いとか、つまらないとか、
アメリカなどと違って学生が勉強せず、バイトばかりしているとか、
そういうことを言いたいわけでもない。
単純に、大学の外の、日本経済の問題だ。

右のグラフを見てほしい。
2018年度の日本の平均給与は1995年度より下回っている。
なんと1990年代よりも下！　これが日本経済の実態なのだ。

日本の大学を卒業した日本人は、
どんなに自分の専門分野において優秀で才能があっても、
広い英語圏でそのスキルを活かす語学力がない上に、
大学特有のネットワークも限定的なので、
日本国内で職を得るしかオプションがないことが大半だ。
デジタルハリウッド大学のような、
世界でも売れるスキルやコネクションが身に付けられる
教育機関（学校としてかなり特殊だ）で学ばない限り、
卒業後は日本ローカル制度内でしか働けない。
とすると、図のずるずる低賃金になるしか選択肢がなくなる。

1980年代には、世界中のエリートにとって
日本で働くことが素晴らしいチャンスだったに違いないが、
今はその限りではない。

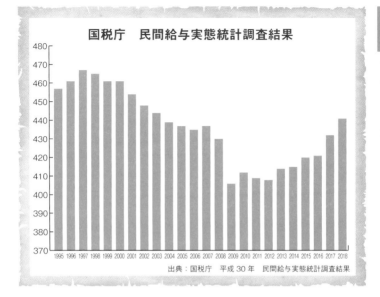

国税庁　民間給与実態統計調査結果

480
470
460
450
440
430
420
410
400
390
380
370

1995 1996 1997 1998 1999 2000 2001 2002 2003 2004 2005 2006 2007 2008 2009 2010 2011 2012 2013 2014 2015 2016 2017 2018

出典：国税庁　平成 30 年　民間給与実態統計調査結果

今あえて日本で働くことのメリットを説く外国人もいるけど、
「日本で " しか " 働けない」のとは事情が違う。

デメリットはそれだけじゃない。

若者の非正規雇用の割合、

下がっていく実質賃金に比して上がり続ける国公立大学の学費、

トドメに人権侵害が当たり前の職場環境、

男女ともに不利益を被るジェンダーギャップ、

大企業の終身雇用をやめる宣言、

セクハラ・パワハラ・ブラック企業など、

挙げていけばキリがない。

結局のところ、雇用者側に、

「どうせお前は理不尽な扱いが当たり前の日本企業で"しか"
働けないのだろう？ ん？」

と足元を見られてしまっているのが現状なのだ。

 それでも
日本企業で"しか"働けない
道に進みたいなら
ちょっと何言ってるかわからない。

なぜなら、次のセクションで述べるように、
世界に居場所があるということは、
逆説的に日本でのキャリアを
もっと楽しめる立場にあるってことだからだ。

17歳の私に
両親が言った
「東大はやめとけ」

17歳の私がアメリカの大学への進学を決意した理由も、
結局はその点にあった。
高2のときに遊びで受けた模試の成績がよくて、
某大手予備校の東大進学コースに無料で招待され、
何も考えずに赤本を買って帰った2003年、
両親は「東大は、やめときなさい」と真剣な顔で言った。

「アメリカの大学を出れば、世界のどこでもキャリアが開ける。
日本の大学を出たら、
日本でしか働けない日本女性として生きなければならなくなる。
自分から翼を削ぎ落とすような選択は支持できない」

あれから16年くらい経ったが、キャリアの選択肢という意味で、
私の決断の結果は両親が危惧したよりも
すさまじいインパクトで「その通り」になった。

ちなみに私と同じく中華系のルーツを持つ、
能力が高いトライリンガルは、東大には学閥を築くほど数がいて、
卒業後は外資系に勤めてうまいことやっていたらしいが、

多くは高い能力にものを言わせて 20 代で国外へ去った。
別にこのトライリンガル組のような
ものすごい能力がなくても大丈夫。
大学はもう卒業しちゃったよ！という人のための情報も
載せるのでご心配なく。

閑話休題。私がアメリカ進学を決めた当時はもちろんまだ、
ここまで経済が回復しないとは予測できていなかった。

ここまで言えば予想が付くかもしれないが、
海外の高等教育機関に進学することによって、
逆説的に日本でもキャリアの可能性が広がることになる。
嘘だと思うなら、
バイリンガル必須の外資系ヘッドハンティング会社における
海外大卒や院卒の取引相場を見てみよう。

実在する日本人賃金とグローバル賃金の「身分差」

27 歳当時、マサチューセッツ工科大学の MBA は取得したが、
金融経験ゼロ、しかも起業準備中で就活していない私に、
LinkedIn で「勤務地は東京で、しかも日系ファンドなんで
1000 万円なんですけど」というオファーが
大変申し訳なさそうに来たりした。
そのときは「起業するんでごめんなさい」と返したが。

そう、日系企業の中でも、

日本人賃金と
グローバル賃金という身分差が
存在するのである。

有名日系企業で、
英米大学院卒の外国人が「グローバル賃金ならいいか」と
働いているのに最近よく出くわす。
ヘッドハンターに大枚はたいて雇った人材だろうね。
その身分になれば、セクハラの被害を訴えたら、
たぶん加害者のほうがクビになるんだろう。

海外も興味あるけど
日本が大好きだから踏ん切りがつかない人は、参考にしてくれ。
「日本で"しか"働けない」という足かせがなくなるだけで、
日本に帰ってきても人権が尊重される身分になれるのだ。
金の話ばかりするなって？
人が霞を食って生きられる前提で前線に送り出し、
8割を餓死させた某国軍の
流れをくむような発言をするのは勝手だが、
私の言う「自由」は口先ではない。
経済的自由は大前提である。
たとえば、サラリーマンかミュージシャンを選択した結果、
音楽で稼げず路頭に迷っても自己責任、
なんてのは自由な人生じゃないし、
自由なキャリア選択じゃない。

夢と経済的自立が両立できる前提で
高等教育を選択できて「本当の自由」だろう。
グローバル賃金は、そのセーフティネット（救済策）だ。
英米の大学の学費が年々増額し、
門戸も年々狭まっていくのを横目に、
教え子たちが「お金がないから」という理由で
日本の大学に進学するのを私はずっと歯がゆく思っていた。

 だが、あったのだ。

世界中を探せば、かなり多くの日本の高校生や大人にとって
能力も費用も問題なさそうな海外進学先が。
もちろん、グローバル賃金群に入れるだけの
高い教育レベルを誇った海外進学先である。

例えば、ハンガリーやチェコにはお金がかかるどころか、
学費生活費含め、「大学に行かないより安い」費用で
世界中に通用するどころか、
実際、ハンガリーの大学を卒業したハンガリー人が、
東京の日系企業で隣に座っている日本人の
２倍の給与をもらっている現実がある
しかも、**入学のハードルも高くない。**
必要なのは、ちゃんと卒業するための努力だけ。
言っておくが、最近ポピュラーな「医学部」だけの話じゃない。
教育やアントレプレナーシップなどの先進的な取り組みで

いろいろな国で憧れの存在になっている
北欧フィンランドやオランダなどの大学は、
教育内容は超先進的なのに費用は
日本の私大かそれより安いくらいなのだ。
このように、EU 圏でも卒業後の待遇はグローバルレベルなのに
費用は日本の大学と同じレベルという、
かなり狙い目な北欧や東欧の有名大学はたくさんある。

「本当」の経済的自由を手に入れるための道

この本では、これまでなじみがなかったけど
実は面白そうな海外進学先について、
魅力や受験指南はもちろん、その先のキャリアオプション、
グローバル賃金体系に乗るだけではなく、
本当の経済的自由を手に入れるための道も見据えた
情報提供をしていく。
また、私にとってはなじみ深いアメリカの大学院などについて
も、MBA 以外のコスパのいいプログラムを紹介していく。

会員制オンラインサロン「ねねみそ国外逃亡塾」では、
多くの高校生や大人が集まって自分の進路を語り合い、
それぞれの実現に向けて準備を進めている。
この本もサロンも、いわば
海外進学の先に自由を手に入れたい冒険者のためのギルド。
このおせっかいな召喚獣と一緒に、
冒険の可能性を追ってみよう。

自由獲得の第一歩として主語を取り戻そう

ただでさえ地獄の釜を開けたような感じで
魑魅魍魎がうようよしている日本の英語教育界隈で、
たまに聞こえる噴飯ものの意見の一つが、
「英語よりまず母語で中身を持とう」 説。

たいてい、そういう論は国粋主義的なフレーバーを伴い、
長年お金と努力を費やしたのに
英語が思うように操れない読者（特に中高年層に多い）たちの
コンプレックスにつけいって
裸の王様のような自信と安心感を与える作用がある。

「英語しかできない人間」という想像上の存在を作り上げて
コンプレックスを解消しようとする暴力も、
この社会には存在する。

ここでいう中身ってのは、
おっさんたちが好きな「論理的思考」とか
「専門性（しかもほんとに日本独自の創造性が生きるようなヲタ系っぽいやつ
ではない）」とか「仕事経験」のことらしい。

私がここまでいう理由は2つある。

一つめはいつも言っているように、
英語と多様性と協働で回っている世界の中で、
日本語100%の「中身」にはそんなに価値がないってこと。
日本は他国の文化や思想を取り入れることで栄えてきた。
その文明の後継者としては、
「そんなこと言っていていいのか？」と真面目に心配になる。

日本語は論理的思考に向いていない

二つめは、日本語という言語自体の不自由さにある。
日本語で文章を書く仕事をたくさんしているのに
大変残念なんだが、

 日本語は論理的な思考や議論には本当に適さない。

こんなことをいうと、大抵の場合、頭のいい人が反論してくる。

「日本語は論理的思考に適さないなどと暴論を述べる人がいますが、そんなことはありません。その人は、論理的な文章を読んだり書いたりしたことがないだけでしょう」（上野千鶴子『情報生産者になる』）

上野女史のことはそこそこリスペクトしてるんだが、
上記のセリフでもう語るに落ちてる。

まず、**一体どんな人が**
「日本語って論理的思考に向かないよねー」と「暴論」を吐くほど
日本語と論理的思考に関心があるのだろうか?

おそらく、そこらへんの小学生はそんなこと言わないよね。
どんなに頑張って予想しても、
頭でっかちの本をいっぱい読んでるバイリンガル中高生か、
大学生か大卒社会人、つまりこの国の知識人、
エリート層かその予備軍だよね。

そんな人たちが一度も母語で
「論理的な文章を読んだり書いたりしたことがない」
なんてことはありえないし。**ありえるとしたら、**
その言語がどんだけ論理的思考や表現に向かないかを
ド直球に証明しちゃってるようなものですけど?

日本語で論理的文章が書けないとは言っていない。
日本語で思考する人間が賢くないとは死んでも言えない。

ただ、論理がどうのって点については、
日本語は、他の言語より、致命的に向いていないのだ。

だって、**主語なしで
一文が成立しちゃう**時点で、
もう、論理性とかさ、**Forget it**。

だから、**すごく賢くないと、
日本語で論理的に思考したり書いたりするのは難しい**のだ。

その結果として、
「へえ、論理的な文章か。噂には聞いたことあるけど、
読んだこと無いなあ」なんて、
ガラスケースに入っているものを拝みに行くような姿勢で
「論理的ナントカ」に向き合うことになってしまう。
論理って、骨董品じゃないんだからさ。

英語では5歳児でも形式上は「論理的に」話せてしまう

論理的であることって、本来、そんな大層なものじゃない。

たとえば英語なら、単に「論理的な」主張をすることは
ぜんぜん難しくない（論理的＝正しい、ではないからね）。

まだまだ世界観が形成されていない5歳児でも、
アメリカのど田舎に住むギトギトの進化論否定者でも、
何かを主張しようとするとき、

英語である限りは「主語＋動詞＋目的語」が揃った
最低限、形的には論理的な文章が生成され「やすい」。

だから、彼らの主張が間違いだらけでも、
その間違いは「前提知識の間違い」「事実誤認」が大半なので
すごく、ツッコミやすい。

（主張例）
お月さまは、チーズでできている！
なぜならスパゲティモンスター聖典に
そう書いてあったからだ！

（ツッコミ）
その主張は間違いです。
論拠となるスパゲティモンスター聖典は
ジョーク系フィクションです。

これが、日本語になると、子どもどころか、
社会的地位と知的レベルが高いはずのメジャーな新聞の社説も
高名な学者の意見でも、
「ナントカの在り方」、
主語なき「べき論」、「求められる XXX とは」みたいな、
「誰が!?　ねえ、誰が誰のために!?　どうして!?」と
小一時間問い詰めたくなるような言説や
「玉虫色の解釈が成立する」文章がありがたがられてしまうのだ。
一度頑張って英訳してみたら良い。意味分かんないから。

この感覚は、日本語の世界で起きたことの愚痴を
英語で誰かに説明しようとした途端、
「うわ、何これこんなアホなことでモヤモヤしてたの？」と
我に返る経験をしたことがあれば、わかるかもしれない。

また、そういう瞬間瞬間の積み重ねが、
私の言う「英語でしか手に入らない」小さな自由でもある。

言語そのものに
ロジカル誤謬の自動訂正機能がついてない上に、
文化的にも主語・目的語の曖昧さを助長する要素が多い。
これが、論理的思考に不向きでなくて何というのだろう。

自分＝主語を取り戻そう

実は本件は、私が戦おうとしている世界における、
けっこう重要な要素なのだ。

講演のあとで、目をきらきらさせた女子高生に
わざわざ呼び止められて問われたことがある。
**「ねねさんっ！あの、海外とか、
やっぱり行ったほうがいいんですか？」** (原文ママ)

先生たちの集まる会で、
折り目正しく優秀な高校にお勤めの真面目な先生に
すごく真面目な口調で問われたことがある。

「ご著書を拝見いたしました。大変おもしろかったです。
やはり本物っぽい英語教育をするべきでしょうか？」（ほぼ原文ママ）

厚切りジェイソンじゃなくても叫びたくなる。

 # WHY JAPANESE PEOPLE !?

なんで、自分にとって大事なことを聞きに来たのに、
主語がまったくどこにもないの？
JK よ、海外行きたいのは君なの？
友達なの？　それとも大穴で、ママなの？

上記どれでも解釈できちゃう前提で話せるってことは、
まさか君は、その3者の区別がついてないってことなの？

たとえばこの質問を英訳すると、
Hey Ning, do YOU think I should go study abroad ?
Does the GOD believe my MOM should study abroad ?
Do you feel it's important for ALL OF US to study abroad ?
どれだか、わかったもんじゃない。

聞かれたときは脳がバグったかと思ったよ。
上の3つが全然違う質問なのは見ればわかるけど、
答えももちろん、全然違うから。

そして先生よ、
あなたの大事な生徒様にあなたがどういう英語教育をして、
どんな大人の背中を見せ、どんな風に立派に育ってほしいのか。
そんな重要な課題について、
あなたに対する私の意見がほしいの？
私の全人類に対する意見が聞きたいの？
そもそも聴きたいのは「私の」意見なの？
私に話しかけたら、宇宙の変な法則によって、
真理が空から落ちてくると思ってるの？

 ## まじでどれなんですか！？

「べき」って怖いよ。
発言者の責任も意志も存在も、全部隠せるからね。

例に出して誠に申し訳ないと思うほど、
私に直接話しかける勇気ある JK も、先生も好きなんだけど、
好きだからこそ自由になってほしい。

自分の中の灼けるような思いをわざわざぶつけにきてるのに、
母語と社会的抑圧（この二者は無関係ではない）の名残で、
言葉の中で一番大事な「自分」の存在を
ないもののように扱うことはしないでほしい。

使用言語と使用作法と思考と知性とその言語を話す周りの人と
その社会の文化は全部つながっている。
言語と「中身」は切り離せるものではないし、
言語は決して表層的なツールではない。

これを読んでいる人たちが
自由になるための第一歩は、

 主語を取り戻すことだ。
自分を取り戻すことだ。

自分という存在がなければ、
そして大事じゃなければ、
自由に意味はないからだ。

そして、主語の力が強い言語で思考し、
交流し、読書し、主張する行為が、
たぶん、最も手っ取り早い、抑圧と呪縛への解毒剤なのである。

意外と身近な「宝の地図」を紹介しよう

みんなが忘れてる 最強スキル 「数学力」の話

自由のために必要なのは、
宝の地図そのもの及びマインドセットだよって話。

人は、自分自身の力でしか、自由になれない。
自由を手に入れたい冒険者の道を照らすのが
教育界の召喚獣たる自分の役割だと認識しているが、
ちょっと悩ましいポイントもあるから聞いてほしい。

私が、勇者たちの国外逃亡をあおる
黒幕型かつ「うるさいおかん」型な召喚獣として、
最も勇者たちに投げつけたい冒険の持ち物は、
鮮度が重要な「あっちに宝箱があるよ」系の情報ではない。

「え？ グローバル賃金を稼げるようになるために
コスパ最強の海外進学の話をしてくれるんじゃなかったの？」
と思うかもしれないが、その話はちゃんとする。
だが、まずはもっと大事な前提の話を聞いてほしい。
なぜなら、「宝箱があっちにあるよ系」の「情報」は
それだけだと、脳内財産として不安定だから。

素直に宝箱目当てに山に登っても
誰かに取り尽くされているかもしれないし、
宝箱の中身が金だったとしたって
金相場が暴落したら投資が回収できないかもしれない。
そもそも冒険者が金の価値を知らなければ、
無駄に重いキラキラした塊でしかない。

笑うことなかれ。
今現在、人類に欠かせない資源である石油ですら、
200年前だったら裏庭で出てきても宝どころか、
ただの「臭い公害物質」だ。しかも農耕の邪魔になる。
岩井志麻子（ファンです！）の小説に出てくるような
迷信深い地域なら、呪い扱いされていたかもしれない。

けれど、現代人としての知識があれば、

キターーー！！！😬
自分の裏庭に湧いてる黒い物質を採掘すれば
エグいほど金持ちになれるぞ！
うひょひょひょ👻

という発想が可能になる。

よく、教育改革で
「年号とか用語とか、試験の後ですぐ忘れるような知識の
詰め込みはよくない！ それより考える力だ！」

35

なんて言う人がいるけど、
正確に言うと「年号とか用語とか試験後にすぐ忘れる」のは
「情報」であって「知識」ではない。

 知識は、忘れるものじゃない。

もっと具体的に言えば、
「1973 年に第四次中東戦争が起きたあおりで
オイルショックが発生した」のうち、
1973 年と第四次中東戦争という試験に出る情報は忘れても、
「世界的な規模で石油は足りないと大騒ぎになるから
大事な資源だ」というぼやっとしたイメージは残るだろう。

テストで出た細菌やウイルスの名前という情報は忘れても、
「手を洗わないと手のバイキンが原因の健康被害につながるから、
手を石けんで洗うのは大切だ」という知識は
なかなか忘れないものだ。

その人の目に映る世界を定義し、運命も定義してしまう、
情報と情報のネットワークのつながり方——、
それが「知識」なのだ。

 自分を自由にするためには、知識と、
少しばかりの勇気が必要だ。

チートスキルから見えてくる希望の光

さて、それを踏まえた上で、

あなたの冒険者のリュックの中身とか、

勇者として持っているスキルのリストを確認してみてほしい。

もうすでに、宝物とか、

インチキに近いくらいすごいスキル
チートスキルを持っているだろうか？

教育者の間で思ったより話題になった、

「80.8% の日本の高校生が自分を駄目な人間だと思っている」

という情報が正確ならば、

「大したもの持ってないよ」という声が聞こえるかもしれない。

「周りと比べれば、あれとあれが得意だけど、

世界でやっていくレベルかというと、まだまだだし」とか

「それがないから海外に出てすごくなりたいんじゃん！」

なんていう声もあるかもしれない。

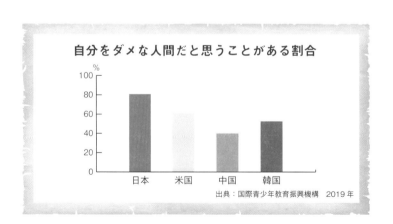

自分をダメな人間だと思うことがある割合

出典：国際青少年教育振興機構　2019 年

37

もし、あなたが日本の学力的にも経済的にも
平均程度（平均以下でもいいよ）の高校生で、
「自分はグローバルレベルで勝負できるものが何もない」と
思っているのだとしたら、
あなたには、結構大事な知識が足りないのだ。

PISA 2018　世界ランキング
数学、科学、読書の平均スコア

国際学生評価プログラム（PISA）は、約80ヶ国でのOECDによる
数学、科学、読書に関する15歳の学生の学業成績の世界的な研究です。

- ■ 500以上
- ▨ 450〜500
- □ 450以下

500以上

1	中国（北京、上海、江蘇省、浙江省）	578.7
2	シンガポール	556.3
3	マカオ	542.3
4	中国（香港）	530.7
5	エストニア	525.3
6	日本	520.0
7	韓国	519.7
8	カナダ	516.7
	台湾	516.7
10	フィンランド	516.3
11	ポーランド	513.0
12	アイルランド	504.7
13	スロベニア	503.7
	イギリス	503.7
15	ニュージーランド	502.7
16	オランダ	502.3
	スウェーデン	502.3
18	デンマーク	501.0
19	ドイツ	500.3
20	ベルギー	500.0

毎回「教育改革とか北欧すごいよ」などの言説でおなじみ、
PISA スコアという経済協力開発機構加盟国を中心に
3 年ごとに実施される 15 歳児の学習到達度調査の世界ランキング。
2018 年版では日本は総合で 6 位。
点数もランキングもとても良かったので報道されなかったやつね。

450〜500

21	オーストラリア	499.0
22	スイス	498.0
23	ノルウェー	496.7
24	チェコ	495.3
25	アメリカ	495.0
26	フランス	493.7
27	ポルトガル	492.0
28	オーストリア	491.0
29	ラトビア	487.3
30	ロシア	481.7
31	アイスランド	481.3
32	リトアニア	479.7

33	ハンガリー	479.3
34	イタリア	477.0
35	ルクセンブルク	476.7
36	ベルラーシ	472.3
37	クロアチア	471.7
38	スロバキア	469.3
39	イスラエル	465.0
40	トルコ	462.7
	ウクライナ	462.7
42	マルタ	459.0
43	ギリシャ	453.3

450 以下

44	セルビア	442.3
45	キプロス	438.0
46	チリ	437.7
47	アラブ首長国連邦	433.7
48	マレーシア	431.0
49	ルーマニア	428.0
50	ブルガリア	426.7
51	モルドバ	424.3
52	ウルグアイ	423.7
53	ブルネイ	423.0
54	モンテネグロ	422.0
55	アルバニア	419.7
56	ヨルダン	416.0
	メキシコ	416.0
58	コスタリカ	414.7
59	カタール	413.3
60	タイ	412.7
61	コロンビア	405.3

62	カザフスタン	402.3
	アゼルバイジャン	402.3
64	ボスニア・ヘルツェゴビナ	
		402.3
65	ペルー	401.7
66	ブラジル	400.3
67	北マケドニア	400.0
68	アルゼンチン	395.0
69	ジョージア	387.0
70	サウジアラビア	386.0
71	インドネシア	382.0
72	レバノン	376.7
73	モロッコ	368.0
74	パナマ	365.0
75	コソボ	361.3
76	フィリピン	350.0
77	ドミニカ	334.3

出典：経済協力開発機構（OECD）2018-2019

ちなみに、数学も世界で6位。
教育改革に燃えているアメリカは37位でした。

けど、
日本人の子どもの「自分は数学ができる」という自覚は、
G8で最低。

「それがなにか？」と思うかもしれない。
「どうせ英語もできないし。
数学だって偏差値は高くないし好きじゃないし、
なんでそれがチートスキルになるの？」

なるんだよ、それが！
ていうか、する方法が！
まず、PISAの調査で明らかなように、

 ## 日本人の15歳は世界的に数学ができる！

つまり、本書を読んでいる中高生（中学生とかいるのかな？　いたと
したら意識高すぎるぞ）とか、
かつて中高生だった大人たちは、
世界的に数学ができるのだ。

別に、国際数学オリンピックでメダルを取れとか
そういうのじゃない。

世界的に見たら基礎能力と応用能力が、
ふつうに、かなり上の方にある、ってことだ。

ぴんと来ない人のために、
私がアメリカの大学入試の際に受けなきゃいけなかった
SAT 試験（あくまで入学審査の参考値の一つでしかないけど、学力で差をつけるためにある試験）の数学の問題の一例を載っけてみる。

SAT 試験の数学問題の例

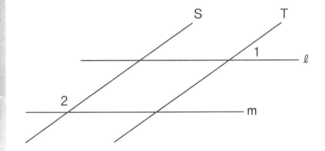

上の図では、線ℓとmは平行で、線SとTは平行です。
∠1が35°のとき、∠2は何度でしょうか。

A）35°

B）145°

C）60°

D）75°

どんなに数学が嫌いで「公式とか忘れました」って人でも、
これはけっこう正解できるんじゃないだろうか。
小学 4 年生かそこらの初期に習うやつだよね。
でもこれ、大学入試の問題なんだぜ。

しかも、この問題が一番簡単で、
これから難しくなっていく形式なのかというと、
それがそうでもない。
各単元（角度とか二次関数とか微積とか）のごく基本的な
何もひねっていない問題を羅列し、
「お、ちょっとこれは応用力が必要かな？」って問題が
最後にちょこっとだけ出る。

こんな問題で大学進学希望のアメリカ人の数学力を
見極められるのか、いぶかしむかもしれないが、
ちゃんと差がつくのだ！　これが！

私の通っていた Duke 大学は全米 TOP10 の大学だが、
1 年生のときのルームメイトはこの SAT の数学で
「半分しか点数が取れなかった！」と言っていた。
彼女の名誉のために書き添えておくが、
私が何回頑張っても良い点を取れなかった英語では
満点とるような、基本すごい人。

彼女は言語の天才なのかもしれないが、
日本だったら小学生からやり直しだ。

日本の大学なら、よほどのことがない限り
この問題を入試に出すことはないだろう。
一応、アメリカ人の数学力の名誉のためにもう一言。
国際数学オリンピックのチャンピオンになったりするのも
アメリカのチームなので「すごいやつはすごい」が
徹底されている。

私のルームメイトだった人が
エリート大学に受かるような教育レベルの国から見たら、
平均的な公立校に通う小学生たちが
あの問題を「簡単だよ」って
1秒で解ける状態は、紛れもない「チート」なのだ。

これまた世界的に見て
**「他の子と比べて自分はできない」って思い込んじゃう
呪いもセットになっているのが残念な限り**なのだが、
便利なスキルや装備品が呪われているのは　R　P　G
ではよくある話だよね。

ほら、**グローバルな視点から
自分の持ち物や持ちスキルをチェックし直すのって楽しいと**
思わない？

駄目なところも良いところもたくさん見えてきて、
「あ、こうすればいいのか」と希望の光が見えてくるから
おすすめだよ。

自分にかかった呪いを浄化しよう

さて、希望が見えてきたら、
まずこの事実をかみしめて呪いを浄化しよう。

心の中でぜひ、Repeat after me !

 吾輩は、世界的に見て、
数学が、めっちゃできる😍
吾輩は、世界的に見て、
数学が、めっちゃできる😍

さあ、ここまでは持ちスキルとアイテムの確認だった。

スキルのランキングが高くても
宝箱を開けに行かなきゃただの自己満足なので、
次は「そのスキルがあるから開けられる宝箱と
それを取り巻く前提条件」の話をしよう。

ちなみに、ヨーロッパの名門大学では
EU 外の学生の学力審査基準に SAT を用いることがあるので
この簡単な数学の問題が解ければ世界レベルに
数学出来る人扱いされるってのはガチなのです。良かったね。

日本人には
プログラミングの
素質がある

前提条件の話が多すぎてうるさいって？
だって、嫌じゃん！

私は、ろくすっぽ世の中を知りもしないのに
「××の業界に行くと安定するらしいから、
この偏差値にちょうどいい大学を受けて、あの職業についておけ」
と言っている高校の進路指導主事にはなりたくない。

それに、私は他人に自分の考えを押しつけるのも大好きだが、
同時に、その結論に至る私の思考回路も開示しているから、
納得していなければスルーするだけでいいという、
良心的なシステムとして本書を執筆している。

さて、**どうやってこの数学能力を生かして
グローバル賃金を得る身分にたどり着くかの話**だったかな。
「日本の高校生は日本の大学に行っている場合じゃない」
って話を、
グローバル視点で掘り返してみよう。

学費に負けず、自由になる方法

日本では実質賃金は低下する一方なのに、
そしてデフレなのに、
大学の学費は、国公立でも私立でも上がっていく一方だ。

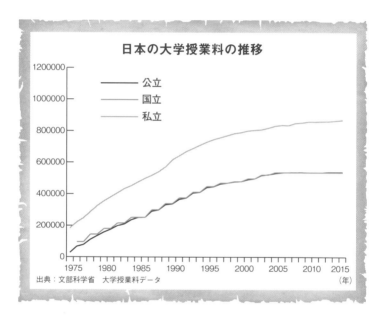

日本の大学授業料の推移

公立
国立
私立

出典：文部科学省　大学授業料データ
(年)

しかも、
日本の場合「奨学金」が返済不要ではなくただの借金なので、
大卒になったけどスキルは身につけられず、
ブラック企業就職→退職→
同年代高卒以下の非正規賃金→奨学金破産などという
悲劇的なストーリーも聞こえてくる。

実は、**学費の高騰で若い世代が大変だよっていう話は、
日本**だけの問題じゃない。

アメリカでも学費は年々 10 パーセントほど増加という
頭がおかしい制度を採用しているところがほとんどで、
いまやアメリカの私大に奨学金を得ず、
値札通りの値段で入ると年間 700 万円ものあり得ない額を
ポン！ と出さなきゃいけなくなる。

この負担はアメリカ本土の人間にもかなり響いていて、
学資ローンを借りた結果、
特にスキルが身につかない学部や専攻だと
名門大学を卒業しても賃金が低い仕事に就かざるを得ず。
「破産！」となるパターンが社会問題になっている。

余談になるが、『ゴーン・ガール』という
ベン・アフレック主演のサイコスリラー映画も、
「高学歴の物書きカップルが不景気で仕事をクビになり、
お金がなくなってから信頼関係も破綻する」話だと
読み取ることができる。
実際、Ivy League 卒（アメリカの名門私立大学 8 校の総称）
**だろうがなんだろうが
仕事の選び方×学資ローンの組み合わせで
金銭的にやられることは珍しくないから、**
仕事が見つけやすそうな専攻も
ダブルメジャーで取らなきゃ、

と私の在学中にもアメリカ人の同期は
冗談交じりに言い合っていた。

だが、**普通に考えて大学を出たのに破産してしまうっておかしい。**
じつはアメリカでも、ハタチの若者が
そこそこ高い賃金を得られる仕事は、
むしろ余っていて、成り手がいない状況だ。

というか、過去20〜30年、
ITの黎明期からずっと人材不足の状態なのだが、
アメリカ国内でコンピューターサイエンスを専攻した
大卒・院卒生は1年で5万人。

速攻で、年収1000万円以上もらえる、
地域によってはその2倍か3倍にもなる
プログラミングの仕事は、50万人分 (Code.org 調べ) **ある。**
2020年までにこの数字は100万人分になると予想されている。
特に、シリコンバレーとかはスタートアップも大企業も、
コードが書ける人間をいつも募集している。

その差はどうやって埋めるかって? 高学歴移民ですよ。
低いレベルでも、とにかく、
プログラミングができればいいっていう仕事は
本当に死ぬほどある。

どれくらい死ぬほどあるのかというと、

シリコンバレー界隈に住んでいる私の
近所のおばさん（50代後半）が、
とっくに忘れたプログラミングスキルを
「あれとあれができます」と言って
大企業の面接に受かったくらいだ。
何もできないことがバレて半年後にはクビになるのだが、
これは、バレるまでの半年はOKだったとも言える。
つまり、恐ろしいことに半年分、上記の年収をもらえたのだ。

文字通り、猫の手も借りたいらしいことが伝わるだろうか。
「できるフリをするだけで採用される」ってことは、
「本当にスキルがあって仕事できたら
どんだけ必要とされてしまうんだ？」ってこと。

しかも、そのスキルって何だ？

 それが、**数学力**なんです。

コンピューターサイエンスの基礎は数学。
その数学力は、日本人は世界的にイケてる。

しかも、シリコンバレーおよびその他、世界中にある英語が
通じるイノベーション・ハブたちは慢性的人材不足なので、
そこらのグローバル賃金よりもずっといい待遇で
将来を切り開ける。

「え、でも別にそれは自分がやりたいことじゃないんですけど…」
という声が聞こえてきそうだが、
そういう意見への私の答えは3つある。

❶「好きなこと×IT」で可能性が広がるものを学ぶ

好むと好まざるに関わらず、
世界のあらゆる産業、
デジタルに関係のあるゲームや通信だけでなく、アパレル、小
売、ファッション、農業、法曹、医療、教育、タピオカ……、
文字通りすべてがなんらかの形で
テクノロジーと無関係ではいられない時代になった。
「プログラミングは現代の読み書きそろばんだ」と
うまい例えをした人もいるように。

だから、21世紀を自由に生きる人間として
「好きなこと×コンピューターサイエンス」で考えておくと、
選択肢の数とグローバルモビリティ（外国と日本、国境を分けることの
ない人事異動のこと）はぐっと上昇する。
そういう意味では英語と同じだ。
私は、英語は楽しいから学んでおくといいよ！
なんて一言も言っていない。
可能性が広がるから学ぶものだろう。そういうものは。

あ、でもプログラミングの腕がいいと
英語力がちょーっと今一つでも見逃してもらえるし、

英語力が高いとプログラミングの腕がちょーっと微妙でも
それはそれで見逃してもらえるらしいよ。

❷グローバル賃金を稼ぐ人は流動的に働ける

上の世代と違って、
グローバル賃金を稼ぐ人のキャリアは流動的だ。
一生、パソコンの前に座って
コードを書く人生に向いている人間は、
総人口から逆算したら少ないほうだと思う。

だから、このキャリアアドバイスは、
「全員、一生それやってなさい」というものではない。
「好きなこと」とのかけ算で本当に自由になるための、
余計なステップの一つでしかない。

高校や大学を卒業するために、
あまり得意ではない科目も勉強しなきゃいけないように、
期間限定の投資だと思ってくれてもいい。

アップルで3年エンジニアをやっていました！ という人は、
シリコンバレーでもどこでも、スタートアップをやるなら
投資してもらえる可能性が高い。

ファッションとタピオカと人前に出ることが好きだけど
コンピューターの前に座るのは嫌だ！ というなら、

ファッションとタピオカのスタートアップを立ち上げて
アップルの経歴を使って資金調達して、
人前に出まくるタイプの CEO になればいいだけだ。

❸私の勧める海外進学プランのコースは安い

後述するが、簡単な試験に合格できれば、
私がおすすめする海外進学プランは
下手したら大学に行かないより安い。
大学に行く費用と
その間に受けられるお金でプラスになる
可能性がある。

家にお金がないと海外のいい大学に進学できず、
グローバル賃金の仲間に入れない、
というのは完全に過去の話になった！

しかも平均的日本人高校生ってだけで
ワンチャンの可能性があるってことは、
ここまでで書いたとおりだ。
もし大学に行くお金が少しあるので（日本の私大に行けるくらい）、
数学は残念ながら１秒もやりたくないです！という人は
もっと別の道を行けばいい。

はい、ここまでが宝箱の中身の話。
次は、そこに行くまでの「宝の地図」の話をしよう。

03 世界で最も コスパの良い 修行ルート

2019年10月現在、私が紹介できる一番の宝の地図は、
ハンガリーのエトヴェシュ・ロラーンド大学だ。
候補は他にもあるけど、
私とつながりがある名門大学はそこなので、一番に挙げる。
これがグローバル賃金×モビリティへのお宝である理由は
次の4つだ。

❶ハイクオリティな教育

ハンガリーのコンピューターサイエンス学部・医学部は
英語での授業×世界的に認められたハイクオリティ教育が
手に入るだけでなく、
卒業後、**シリコンバレーをはじめとする世界中の人材枯渇領域で**
優先的にグローバル賃金×モビリティを手に入れる登竜門である。

なぜなら、ハンガリーのコンピューターサイエンス学部は
実践面も理論も評価が高く、全部英語で授業、
かつアントレプレナーシップの研修も行っているから。
卒業生は、ユーロ圏でもシリコンバレーでも、

「インドから直行で就労ビザを取りに来る、プログラミングだけできる人（インドからは優秀な人もたくさんアメリカに行きますが、数がめっちゃ多く、微妙な人もたくさん行く）」より人材評価が高いのだ。

❷日本学生歓迎のハードルの低い入学

入学のハードルはさほど高くない。
高校の成績を出して（高校のレベルは問われない）、面接して、終わり。
英語力も、入学時点でTOEFL 60点取れていなくても面接で普通に受け答えできればOKなんだそうだ。
でも、ちゃんと英語はやろうね！！！
しかも、数学力が国際的に高い日本の学生なら歓迎なんだとか。

私なんてね、以前、日本の高校生が海外志向だと
高校の先生が積極的に邪魔してきたり、
人権侵害校則で届しないと成績を理不尽に下げられたりする
ことがあると大学の担当者に説明して、
全国模試の成績も考慮するとの了承をもらったことがある。
私、偉くない？

❸在学生の３割に学費免除＋生活費補助

とどめに、ハンガリーのコンピューターサイエンス学部は
日本の田舎過疎地と発想が似ていて、
「よそから移住してきてコンピューターサイエンスを学んでくれる偉い学生には奨学金をがっぽり出すぞ」と

面接に受かった学生、
コンピューターサイエンス学部の学生のうちの3割程度に
「学費免除＋生活費補助」を出してくれるという。

ちなみに、学費を全部払っても
日本の国公立大学より安い上に、これをもらって、
かつハンガリーの生活費が日本のざっくり半分だと考えたら、
「大学行かずに最低賃金で働いて親に負担をかける」より
下手したら安い。
全部払っても国公立より安いのに、これだからな。

❹卒業前からプログラマーとして稼げる

「ハンガリーは入学簡単だが卒業が難しいから留年しちゃう！」
とかいう情報で物おじして留学を諦める人とかいるらしいけど、
実際、日本と違って地元民でも留年するの当たり前なくらい
きついカリキュラムだということは聞いている。
それでも**卒業すればキャリアパスが広いのだから
留年は気にしなくていい**と思う。
バブルの時代、日本人が大学入るのに
二浪とかするのが恥ずかしくなかったように。

あと、カリキュラムが実践的かつ効率的なので、
1～2年在籍するだけで下手したら
**卒業前から低レベルプログラマーとしてハンガリーで
「月2000ユーロから3000ユーロ」稼げる**らしい。

肉体労働者の月給が700ユーロとかの国で、だ。

ハンガリーの医学部に行った日本人学生については
ググればすてきなストーリーがたくさん出てくる。
コンピューターサイエンスはあんまり見かけないが、
せっかくだから生活面その他を日本人目線で見るためにも
いろいろ読んでみてほしい。
特に女性が活躍している話はおすすめだ。

医者は、テック業界あるいはテック部門で働くよりも
人を選ぶキャリア選択だと思うが、
それでも「海外の大学に行きたい」
「男女差別がない世界に行きたい」という理由で選ぶ人が
結構いるみたいだ。
医学大学も、日本に戻るかユーロ圏またはその他の国にいくか、
選択肢が広がりそうで楽しそう。

必要なのは「知識」「勇気」「ネットワーク」

以上が、

日本人の平均的数学力 ×

世界的ITスキル人材不足 ×

その登竜門の学費が安いし入学ハードルが低い

という 3 つの知識を組み合わせた

どんなにお金がなくても
普通の努力で
グローバル賃金にたどり着いて
自由に生きる道が開けるための
宝の地図だ。

このコロナ騒ぎの中でも、
2021 年入学者用のページはちゃんと開いている。
冒頭から散々言っていることだが、
本当に自由であり続けるために大事なのは、
上記の宝の地図が失効しても、
普遍的に大切な自分の持ちスキルと
それが世界的にどんな意味を持つのか正しく理解するための知識、
それを使って宝箱を探しに行く勇気、
そして宝の地図の存在をたまに教えてくれる人との
ネットワークなのよ。
召喚獣が聞きたいのは、この地図をたどって、
「お金は全然なかったけど自由になれましたっ！」って
報告ももちろんだけど、
「地図はそのまんまたどらなかったけど、
『自分には世界に通じる何かがあるかも』って思考回路だけ
たどって、それはそれで自由になれました！」
という報告かな。

04 「海外なんて無理! そんなお金ないし」 が間違ってる理由

お金がない! ないのだ!
と言っても、親と子どもがちゃんとしたチームになっているなら、
お金は関係ない。
第一、お金がある人間しか海外の大学に行けない、
なんて考え方は留学がファッションみたいに扱われていた
日本の古き悪しきバブル時代の名残りみたいなものだ。
これからは、家にお金がないけど次の世代で
巻き返したいから「こそ」海外進学する、という思考が
どんどん合理的になっていくだけだから。

結論から言えば、
TOEFL70点程度、英語で自分の思いが語れる、
数学力そこそこ良好、高校の成績か模試の成績が良いなど
高校卒業時点で海外進学するくらいの能力があれば、なんとかなる。
ハンガリーなどの大学には
いくつか学費全額免除＋生活費補助のオプションがあるので、
そこに合格するなら往復航空券代などの交通費や嗜好品費だけ
あれば良いのである。
全受験者の上位3割くらいに入っていれば、

際立って優秀じゃなくても取れる（Stage 1・6での説明どおり）。
航空券は10万や20万なので、
高校生が夏休み中バイトすれば稼げる金額だ。
若いうちからスキルや知見や人脈が身につかないバイトは
あまりおすすめしないが、
航空券を稼ぐ程度ならそんなに時間はかからないだろう。
私は、海外でグローバル賃金に行きつける
このオプションを知らなかったら、
おそらく堂々とは国外逃亡塾の旗印を掲げなかっただろう。

ハンガリー以外でも、コンピューターサイエンス以外でも、
「本当にガチで現金がない子」でも、
立派に親世代までの金銭的不自由をひっくり返せるくらいの
グローバル人材になれる道はあるのだ。
このオプションは、懇意にしているキッズドア（日本の子どもの貧困支援活動をするNPO法人）さんにも勧めている。もし呼ばれたら、児童養護施設の支援者にも勧めてみようかと思う。

今持っているお金に関係なく、
沈む船を抜け出すのは、
すべての親子の**当然の権利**だから。

今、小学生のお子さんが高校生になる約9年後には、
日本経済はきっともっとやばくなっていると思うので、

日本人用の返済不要奨学金もきっと増えているだろう。
ただ、まあ、これは一番お金がかからないオプションだ。
日本の私立大学に通えるくらいのお金があれば、
もっと自由度は上がるので、
親の努力目標はそれくらいかなあ、と思う。

親子が、家族が、チームであることはめちゃくちゃ大事だ。
真面目な話、教育機会確保に関して言えば、
「今銀行口座に入っている現金の額の壁」は、
正しい情報と正しい方向の努力でどうにかなる。
どんなルーツでも、お金の多寡でも
家族で納得行く方向にみんなのモチベーションと努力を
動員できたら、かなりお得だ。

「お金がないからまずは効率よく稼げる人になるために、
安いけど教育レベルの高い欧州の大学で、
まずは XX を専攻しようか。
その間に実は好きな○○も勉強すればいい。
ごめんね、アメリカの Ivy League の○○学部に
いきなり送ってあげられなくて」
みたいな制約条件は発生するかもしれないけど、
長い人生を鑑みた場合、
そういう制約条件が一個もない家庭なんてそうそうないはずだ。

「この家族の次の世代の運命を引き上げるために頑張る！」
という原動力にもなるかもしれないし。

その原動力を引き出すための希望を喚起することが、
そもそも本書の仕事の9割である。
教育において、お金「だけ」がなくて
うまくいかないことってそんなにないけど、

 # お金だけがあっても
うまくいかないことは
死ぬほどたくさんある!

人ひとりが自由で自律的で立派で幸せでいい奴に育つまでには
複雑な人的資源、情報資源、努力や経験の
絶妙な組み合わせが必要だから。

この前、アメリカのいくつかの大学で
不正入学スキャンダルが世界を揺るがしたことがあった。
有名人や、経営者など、沢山のお金持ちの親たちが
不正ルートで5000万から6億円を積んで
息子や娘を志望大学に放り込んで検挙されたお話だ。
その不正操作って結構ひどくて、
たとえばスポーツチームのコーチが推薦すれば
成績が悪くても優先的に入学できることを知った
大学と関係ないブローカーが
親からお金を受け取ってコーチを買収し、
その子がそのスポーツを1回もやったことないにも関わらず、
その子の写真とスポーツやってる人の写真をフォトショップで

合成して大学に提出したりして、合格をだまし取った、
みたいなえぐい話だ。

FBI はそんなことを気にするんだ！ ってことや、
そもそもそれ違法だったんだ！ ってことや、
何よりお金も地位もある人間がそんな怪しいことをしないと
子供がトップ大学でもない地元の私立大学に入れないんだ、
ってことがトリプルでショックだった。

アメリカの名門大学は、
近年どんどん入学ハードルが高くなっているとはいえ、
親がお金持ちで学費を全額払い、
子どもがその大学の在学者平均そこそこの学力指数だったら、
そこまでしなくてもどこかに合格することはできたはずなので、
よほど付け焼き刃をしなきゃいけない事情でもあったのか
理解に苦しむ。

また、**名門ボーディングスクールが高額なのは、
歴史的に見ても、その高価格の内訳の中には結構な割合で
「子育てなんかしたくない忙しい親のかわりに
子供を一人前にする役目を負っている」**という理由もある。

値段ばかり高いけど、全然何も得られないような、
最近お金を得たばかりのひとを搾り取るビジネスとかも、
それはもう死ぬほどある。

「良い教育」にはお金がかかるけど、
お金がかからないように人的資源や情報資源を取ってくることで、
ハックすることが割と容易な商品でもあるんだよね。

高額な IB インターに通わせるお金がなければ、
そのインターで教えることで
子の授業料を割引しまくってもらうとか、そういうの。

英語や語学力に関しても、
掛けたお金に比例して成果が出るのなら、
**日本はとっくに
世界有数のみんなが
英語しゃべれる国**だろう。

だから、
「これをするためにこれくらいお金がかかる」より、
**「ゴールとして、子供にどんな人に育ってほしいのか、
どの大学に行くとかじゃなく 25 歳や 30 歳のときに
どんな選択肢がある人になっててほしいのか」**で逆算して、
それから教育手段について
予算と相談するのが良いんじゃないだろうか。

で、「これはママの力ではどうしても手に入れられないから」
「この要素は面倒だからお金で解決する」と項目を絞って
お金を使っていけばいいのである。

それでもお金をかける価値のある環境というやつについて

その上で、親以外の世界を知ってもらうための「環境」は、
ある程度のお金を投じたり、リサーチハックをしなきゃいけない。
海外大学を目指すどころか、留学するだけでも
日本の公立高校もしくは私立高校でも妬みを買ったり
理不尽な目に遭う話が報告されている。
海外大学を受験する上で、
成績評価を人質に取られたらかなり辛いし、
部活その他さまざまな活動が制限されることもあるので、
よほど信頼できる学校、
先生を自力で見つけるくらいでない限りは、
N高校 (学校法人角川ドワンゴ学園が設立した、単位制・通信制課程の高等学校) をおすすめする。
学費は無償化など利用すれば一番安くて年間7万円程度で、
高等学校等就学支援金もある。
N中学に至っては、完全にただのフリースクールだ。

ほかにも、安めのインターナショナルスクールや学校もある。
理念がしっかりしたキリスト教系の伝統校、
鳥取の青翔開智中学校・高等学校、
義務教育に代わる機関としての経産省肝いりのi.Dareなど、
「学校の都合にお子さんを嵌めて合わせるのではなく、
子供を人として大事にして潰してこない環境」も、
国内でもポツポツだが手に入る。

Stage
3

10、15、25、35歳に捧げる、冒険前の「レベル上げ」の心得

次の2、3年で とりあえず 何をするべきか？

経済産業省の未来の教室事業「Hero Makers」に参加している
現役英語の先生に召喚され、
ねねみそワークショップを現役教員・保護者・中学生や小学生
合計20名強を対象にやったときのことである。

ねねみそはもともと
「こうやって自分なりのネイティブ脳みそを手に入れてごらん」
と頭や手や体を使って自分を納得させるためのワークショップ
を無理やり本にしたものなので、
実際に現場でやってみる方がものすごくしっくりくるのだ。

ほぼ極秘開催だったのに
SNSから情報を聞きつけて優秀な中学生たちが参加してきた。
そこで、彼らがモヤモヤしてる様子だったので、
ちょっとカマを掛けてみた。

寧々 浮かない顔してどうしたんだい？
試験前に休日を潰してまでこんなところに出没して。
まさか私みたいになりたいわけじゃあるまいし。

少年　寧々さんみたいになりたいですよ。

寧々　まじかよ!? 😮

せっかくなので、それはどういう意味なのか聞いてみた。
私みたいっていっても、いろいろな意味があろう。
まさか長髪のライオンみたいな黒髪を
振り回したいわけじゃあるまい（最近ストレートにしました）。

もちろんそうではなく、
少年の言いたいことを強引に要約すると、

将来、自分が生き残れればいい、
出世して幸せになればいい、というだけではなく、
世界を良い方に変えたい、社会を良くしたいという思いがある。

だからぶっちゃけ、大人たちが言うように
東大に行って伝統的なエリートっぽくなっても、
今の偉いおじさんたちをロールモデルにして50歳になるまで、
尊敬できないおじさんの下で、何も変えられないのは絶対嫌だ。
だから、海外の教育機関で学んだり
ネットワークを築いたりすることで
20代とか30代のうちに、自由な存在として結果を出したい。

ということらしい。
うん、それは確かに寧々だ。間違いない。

荷物のチェックリストと、次のステージへの鍵の話

ねねみそ（拙著『英語ネイティブ脳みそのつくりかた』）は、
無味乾燥な教科としての「英語」に向き合うのではなく、
自分の目標や憧れや興味関心を明確にして、
英語を使って世界や自分自身と向き合う方法を
できるだけ広いオーディエンスに伝えようと思って書いた。
結果、10 代から 60 代まで本当にバランス良くいろいろな人に
売れた。

でも、そういえば、ねねみそもそうだが、ほかのどの媒体でも、
前述のタイプの、
「グローバル経験を生かして自由に事を成す人間になる方法」を
語ったことがない。
みんながそういうのになりたい想定じゃなかったからだ。

じゃあ、私の立ち位置から逆算して、白川寧々が
今 15 歳、25 歳、35 歳の日本在住冒険希望者たちの立場なら、
どうやって 2、3 年以内に国外キャリアをキックスタートさせるか
シミュレーションしてみよう。

え、北欧の大学の入り方の話をするって言ったやん !?
また詐欺か !? みたいな声が聞こえてきそうだ。
うん、ちゃんと北欧の話もするよ。

私が近いうちにおすすめする予定の
フィンランド名門大学アールト大学がある。
^{Aalto University}
「うわここ何もかもおもしろいけど、
北欧すげーし、デザインだ！　わー！」とデザイン学部に
魅力を感じて、この大学を受験する、と設定しよう。
ちなみにこの大学は5年間で修士まで取れて、
なんと学費は年間1.2万ユーロで140万円くらい。
つまり、日本の私立と同じくらい！

このとき、要求される点数とか
そういうのはあまり大したこと無いことに気づく。
また、Assignment（文献を読む、感想や考察をまとめてレポートにするといった課題のこと）という謎なものを要求される。
ちなみに、アメリカのSAT（Stage 2で紹介した激甘数学テスト）の
点数も要求しているぞ！
日本人の皆様、良かったね！
フィンランドの大学の詳細は今度また話します。

あなたの今までの人生を、ビジュアル＆文章化せよ

アメリカの大学受験には、ものすごく凝った
「私とは何者で、何がしたいのか」的な文章が要求される。
北欧でも当然、そこからは逃げられない。
それをその時点で自信満々に語れない限りは、
大学に行っても苦しむだけだ！　というのが現実である。

つまり、さっきの少年の場合、
海外へ行って人生の可能性を広げたければ、
英語の点数とか SAT とかだけでなく、
今から冒険者っぽく自分や世界と向き合い始めるしかない。

なので、そこんとこも視野に入れた上での、
15 歳、25 歳、35 歳の冒険者たちが、
「世界を自分なりに良くしたい、そのためにまず自由が欲しい」
と想定した上での国内ステージを
2、3 年でクリアするためのチェックリストを、
白川寧々の独断と偏見で作ってみた。

ここでは珍しく、英語の話もちょっとするぞ。
「自分の思いを納得いくまで語れる英語レベルまで磨く方法」
を次のページから紹介していこう。

英語で自分を「語れる」レベルになる方法

02

今から 1.5 年以内に、
自分の「英語ネイティブ脳みそ」を磨き、
英語圏で学問的に通用し、
自分の思いを納得行くまで語れるレベルにしよう。
それには以下の 6 つのタスクが含まれる。

① TOEFL や IELTS、SAT の点数

TOEFL とか IELTS とか SAT の点数は次のステージへの鍵だ。
普段はテストのためだけの英語を激しく嫌悪する私だが、
国外への冒険はゴールが明確な上に、デッドラインもある。

これらのテストの点数は
次のステージの扉を開くための鍵の一つと割り切ろう。
好きな手段で構わないから TOEFL は 80 〜 100 前後、
TOEIC は 730 〜 880 のスコアまで取るのをおすすめする。

高価な塾代がない？
そういうのに行ってた頭のいい人たちが

英語について自信満々な結果を出せた例をあまり知らないから、
気にするな。☺
無料でやり遂げたい人のためのおすすめ勉強法は
ねねみその Step 5 を参照していただきたい。

さっきのフィンランドのアールト大学は変わり種で、
TOEFL とか要らないから外国人は SAT を出せ！
とか言ってくるが、
TOEFL の Reading で満点でも取れない限り、
SAT の英語部分は軽く死ねるのでまずは同じことだ。

②英語で一次情報を得ることを習慣にする

英語で一次情報を得る癖をつけよう。
特に自分の「好きな分野や得意分野」において、
「問題意識の所在」において、そして「憧れの中身」において、
常に英語の一次情報ソースをアップデートする癖をつけよう。

英語を習慣化する

いろんな媒体、ドキュメンタリーや TED talks を見て知った
憧れの社会活動家、起業家、作家がいたら、
その人の Twitter をフォローせよ。
その人についてのブログとか Medium とか
Linkedin とか Instagram とか、あとメディアの記事とか
論文とか、あるはずだから。
著書はもちろん読めるようにしよう。

こうした方法で英語に触れることは、
TOEFL を頑張っているときの息抜きになるし、
また、そもそも TOEFL の勉強で力が付いているのかを
確かめるのにも最適だ。
あと、今までほとんどの日本人は、
「英語の長文はテストのために読まされるもの」として
向き合ってきたと思う。
意識が高い子ほど『TIME』とかの記事を
興味ないのに無理やり読んだり、
15歳の寧々のように、積ん読してるかもしれない。

 ## そういうマインドセットから抜け出そう。

さらに『TIME』とかの記事を無理やり読んだり、
せめて15歳のときの寧々のように積ん読になってもいいので
図書館で借りてきたりしよう。
興味があって、知りたくてたまらない上に
日本語になってない情報を英語で得る快感をここで味わうと、
「勉強しなきゃ」とか悲壮感を背負って決意しなくても、
どうせやめられなくなる。

動画やオーディオブックなどで情報を得る
各地で大流行の『Most Likely To Succeed』という
教育ドキュメンタリーがあるが、それを見たあとで、
「うわー、世界の教育問題についてもっと知りたいよ！」

となったら、作中で発言してた
たとえば Sir Ken Robinson とかをピックアップして
その人の TED を見よう。

日本語字幕で見たあと、英語字幕で見るくらいでも力が付く。

また、TED のページをスクロールすると著作や記事や対談や
もっと長い動画があるのでそれもチェックしよう。

著書を読むのがしんどいなら、

Amazon Audible でオーディオブックと Kindle 本の
両方を買うと安い Whisper Sync という機能があるので、
「聞きながらブツブツつぶやきながら全部集中して読む」と、
今度聞いたとき全部聞き取れるようになる。

Ken Robinson が小難しくて微妙だというのなら、
MIT メディアラボのおじさんの TED とかでもいい。

そもそもそういう意識高い系じゃないなら、
人気 YouTuber のメイクアップ動画とかでもよい。

 # 英語で一次情報を得る！ のが大事なのだ。

その人の意見だけでなく、対立する意見も読んだりしてみよう。
Amazon のカスタマーレビューとか。

③今、考えていることを英語で語る習慣をつける

フィンランドの大学の入試エッセイは、
結局「あなたは何者？」と聞いているけど、

「世界をどう見ているのか」を
どれくらい言語化できる人間なのかを問うている。

自分の考えを言語化するのは、
1人で引きこもってやると思考が堂々巡りして楽しくないが、
自分の世界を広げながら、
また、思いが近い人間と語りながらやると驚くほど楽しい。

他者と語ろう

たとえば身近に教育問題（あるいはあなたが問題意識を持っている話題）
について英語で語ってくれる人がいない場合、
ねねみそでも紹介した HelloTalk というアプリで
「世界の教育問題について語りてぇ」と話を振れば、
リスクフリーでそういう人と出会える可能性がある。
②の「英語で一次情報を得ることを習慣にする」の段階で
仕入れた知識や考えを自分の言葉で語れば、
自分の思考の境界線が広がるからおすすめだ。
もちろん、15歳なら学校にいる英語ネイティブの先生、
外国人教会、25歳や35歳ならソーシャルサークルをたどって
生でそういう人間に出会う努力もしてみよう。

自分と向き合おう

日本語でも英語でも、思考をアップデートしていくのに、
日記やブログを使ってみるのは古典的だが効果的。
私も、MBAのエッセイを書くときは
ノート2冊ほど書きつぶした覚えがある。
普段から英語で自分の中身を構築するときに

英語で書きためる癖を付けると、
その作業があまり苦痛じゃなくなる。

とにかく、自分のことを言語化するのが大事なので、
「今日新しく学んだことやひらめいたことを
書き留めないと気持ち悪い」くらい
習慣化するのがおすすめだ。

④自分自身に投資する時間の確保と楽しい目標設定

それでも、頑張ろうとしているけど続かないとか、
頑張り方が迷走する人は多いと思う。
なぜなら、**日本のカリキュラム上、**
自分のペースで何か学ばせてもらえる経験をした人は
そんなに多くないからだ。
私があとになって
母校のフェリス女学院に感謝しまくっているのはそこで、
毎年複数の自由研究ノート（数冊単位のもので、レポートですらない）
が中3から高3まで課され、
その時間配分を決めるのは自由だったのである。
冒頭の優秀な中学生男子も、
「さて僕はこの前、英検2級に合格したのですが、
次は準1級を受けるべきでしょうか」と問うてきた。
私が試験ベースの学習を嫌悪する理由は、
優秀な子にこういう発言をさせちゃうシステムにある。

とはいえ、ついついわかりやすい KPI（重要業績評価指標）やらを
求めちゃう気持ちだって痛いほどわかるので、
頼むから「まずは点数」と点数ゾンビになる前に、
試験対策のようにギリギリイメージしやすいレベル上げの
レベル設定を作ってみた。

設定1：読む量を上げて文字を目で追う力のレベル上げ

「これが読めたらかっこいいな」と思う本を設定しよう。
②で言ったような TED の人とか憧れの著名人の著書とか。
「これがさらっと読めるようになったら
TOEFL は大丈夫じゃね？」なレベルは
Freakonomics シリーズとかダニエル・ピンクとか。

おもしろい本を読む癖を付けようというのは、
マジで 15 歳とか 25 歳なら今のうちにやっといて損なし。
私は当時試験勉強ばかりしていたので
楽しく読む！ が身に付くのが遅れ、後悔している。
白状すると、英文がいっぱい並んでるのを見ると、
つい「うげ😖」ってなっちゃってた時期がある。
けど、「好きなこと」がネタならその限りではないのだ。
大人も子どもも、年齢関係なく
今の自分が読んだり聞き取れたりするレベルを把握し、
「次は準1級だぜ」とか言ってないで
「次は何の本が楽しく読めるかな」と本質的なレベル上げ
をしたほうが圧倒的に楽しいし、力がつくのだ。

自分のレベルを知らないけど知りたいって？
幸い、ウェブに「あなたのリーディングレベル」を測る
試験みたいなものは大量に用意されている。

例えば、オックスフォードプレスの
https://elt.oup.com/student/readersleveltest/?cc=us&selLanguage=en
とか。
マクミランの
http://www.macmillanreaders.com/level-test/
とか。
こんなのもある。
https://a2zhomeschooling.com/all_time_favorites/reading_level_assessment/

もちろん、Reading level test とかググればもっといっぱい出てくる。
あるいは、今、自分が読めている本のレベルを調べて、
どんどん上げていくのでもいい。
ちなみに、あとで紹介する
My Father's Dragon（エルマーとりゅう）は
Scholastic 社によると３－５年生レベル、
Dr.Dolittle（ドリトル先生）は４－６年生レベル
なんだそうなので、そこらへんを参考にしてもいい。

とにかく、現状を認識した上で、

「背伸びせずに楽しく内容が入ってくるレベル」を知ろう。

そのためには最初のレベルを下げたっていい。

英米圏の子供の本は大人が読んでも、

楽しい内容のものがいっぱいある。

背伸びとか無理をしていいのは、

ある程度の内容が直接入ってくる感じの

読む楽しさを知ってからだ。

じゃないと苦行になってしまうから。その上で、

「よし、ドリトル制覇したから

次はシャーロック・ホームズだ！」とか

レベル上げしにいったらいいのだ。

無料な範囲でもこれだけ楽しめる上に教養もつく。

試験対策なんかしてる場合じゃないよ。ほんと。

> 設定2：動画を字幕なしで理解する力のレベル上げ

知識と聞き取りと単語は、

TED と Crash Course でギリギリまで補うべし。

Crash Course は YouTube チャンネルの教育番組だ。

この動画のすべての科目が字幕なしでも理解できたら、

ぶっちゃけ TOEFL で出てくる

あらゆる教科は大丈夫だから、そこからやろう。

ビジュアルで説明してくれているので、

英語が英語のまんま入りやすいよ！

TED はまあ、言わずもがなだけど、

日本語字幕などがあるので入門には便利。

適当に再生したやつを字幕なしで理解できたら、

あれ、リスニングは大丈夫かも？って思っていいぜ。

⑤怠けちゃいたいときの措置を前もって決めておこう

怠け心というのは、基本、人間の本能だ。
一説では、「英語か……ちょっとやりたくないな」と
躊躇した途端に
脳みそがやらなくていい言い訳を考え始めるものらしい。

Tact is the ability to tell someone to go to hell in such a way that they look forward to the trip.

気配りとは、旅行を楽しみにしている人に地獄に行けと言えるような能力のことだ。

Diplomacy is the art of telling people to go to hell in such a way that they ask for directions.

外交とは、道を尋ねる人に地獄への行き方を教える技術のことだ。

── Winston Churchill ウィンストン・チャーチル

なので、**目標に近づく、脳みそがワクワクするようなタスクを前もって設定しておこう。**

ねねみその Step 5 でおすすめした
妄想たっぷりの単語カードをひたすら作るとか、
Netflix でみんな大好き『フルハウス』を 1 エピソード見るとか。
ウィンストン・チャーチル（イギリスの政治家、軍人、作家）の
胸がすくような名言集を読んで元気を出すとか。
ちなみに、白川寧々はチャーチル名言のスカッと具合の
大ファンなのだ。「ご褒美タスク」も設定すると楽しいよ。

⑥受験は2回までと覚悟を決める

TOEFL は特に受験料も高いし、
試験時間も長く体力がしんどくなるから、
たくさん受けてもいいことはまったくない。
留学予備校の「アゴス」のサイトで無料模試をやっているから、
それが受験 1 回目と定めよ。
アゴスの模試を 1 回、80 点とか 90 点を取るつもりで受け、
本番を 1 回受けに行くのだ。**アゴスの模試の練習問題で、
リスニングやリーディングは満点が取れるように準備しておこう。**
じゃないと高値を払って受ける意味がない。

**本番の試験が 2 回までと言っているのは、
1 回目に緊張してベストが出せないかもしれないからである。**
1 回で目標をクリアできれば、当然それに越したことはない。

語るべき「自分の思い」を磨く方法

自分が活躍したい業界でネットワークを創り、
そこの住人になろう。できれば実践者として結果も出そう。
世界では、
10代で「大人にお膳立てされた子どもの国際大会」
の参加者ではなく、
団体のリーダーとして活躍する人間は珍しくない。
そういう人が参加するイベントに顔を出してみよう。
オンラインでの参加が可能であれば、
国外のものにも顔を出してみよう。
スタートアップ文化の輸入に伴い、「何かに関心があるマニア」
が集まるオープンなイベントは結構たくさんある。
15歳でも来ていいよ、と言われることもあるし、
むしろちやほやされることだってある（変な大人には気を付けてね）。
アントレプレナー系の界隈ならば、
自分のアイデアをピッチしたり、コンテストに出してみたりすれば、
出資してもらえることだってある。
Hero Makers に参加している
先生や大学生や会社員や高校生たちも、
どんどんそういうイベントに参加して、自分の境界を広げている。

Oya Opportunities というウェブで検索すれば、
若者が何かに挑戦してみるだけでお金がもらえたり
外国に招待されたりする機会がめちゃめちゃ転がっている。
年齢別にアドバイスしてみよう。

15歳の冒険者へのアドバイス

 まじで、英検とか TOEIC とか
言っている暇があったら
「ハリー・ポッター」でも読もう

私のおすすめは原作のハリポタではなく、
Harry Potter and Methods of Rationality という
科学者が科学教育を普及させようと書いた二次創作の物語。
科学だけでなく社会・心理学・世界征服の方法・教育行政に
対するたっぷりの皮肉が詰まった抱腹絶倒の物語だ。
15歳に限らず教育改革にちょっとでも興味がある人には
手放しでおすすめだが、
15歳でも英検2級くらいならちょっと読める。
Hpmor.com で無料で読めるぞ。
聞きながら読みたいならポッドキャストもある。
あと、**大人の味方を見つけよう。**
学校の先生でもいいし、親でもいいし、
イベントで出会った信頼できそうな大人でもいい。
子どもと大人という役割を超えて、

友情が成立する大人の味方を作ることが結構大事になるから、
人間として付き合いたいという旨を理解してくれそうなら、
特に親や先生には相談しよう。

25歳の冒険者へのアドバイス

**好きなトピックの英語ポッドキャストを購読して、
毎日世界観が更新される状態を作ろう。**
つまり、「今まで自分のこの分野に対するイメージや
思い込みはどうやら違うらしい」というような
学びを手軽に手に入れるシステムを作ろう。
この年齢は、社会人になっているか
大学院ならこれからというところだろうが、
「自分のよく知っていることについてはよく分かっている」
気がする段階だ。
**私もたくさんの世界観を知っていること自体に
価値がある**ことに気づいたのは、
MBA入学後くらいのタイミングだった。
そのとき、25歳だった。懐かしい話だ。
ネットワークとかは、良いよね。わかってるよね。
大人として、責任を持って冒険できる範囲が本当に
広がるのがこの年齢。とくに大事なのは、
「人生のチャンスは、この先自分が築いていく
人間関係の広さと質で決まる」と、認識することである。
例えばアメリカでは、世の中の素敵な求人の8割は
オンラインで公募される前に埋まる、と言われている。

実はこれは日本でも近年顕著で、HeroMakers に
来ていた女子大生にネットワークの価値を話したら
「前から憧れていた新卒募集してない中規模企業に、
ツテをたどって自分の存在をアピールしにいったら
雇用されました！」
なんて嬉しい報告がきたことがある。
自分の価値をアピールできる範囲を英語圏にするだけで、
可能性は爆発する。若いんなら色々挑戦してみようぜ。

35歳の冒険者へのアドバイス

国外逃亡は全然遅くない！
35歳といえば、会社員でも教師でも、
そろそろベテランぽい感じだろうか。
親になっている人もいるかもしれない。
アドバイスは25歳へのアドバイスの通りなんだが、
違うところがあるとすれば、
特に次世代の時間をたくさん使う立場にある親、
教育者や教育関係者は、
「自分は自分が思っているより力や権限がある」ことを自覚
してほしいと思う。

もうすでに、あなたは
誰かのロールモデル
なのだから（Stage 4 へ続く!!）

子ども英語は「エルマーの冒険」を目指してみよう

10歳ぐらいまでの子供を対象にした
英語圏や英語先進国の教材を知りたい、
英語を含む教育全般のトレンドを知りたい、
という相談を先日された。

子供の脳みそというのはよくできていて、
なんと親がDVDなどを見せっぱなしにしても
それを言語だとは認識してくれず、
語学が身につくことはないらしい。面倒だよね。
身につくには子どもと一緒に大人も英語で発音したり、
読み聞かせをしたり、会話をしたり、
一緒に踊ったり歌ったりする必要があるんだとさ。
同じデジタルコンテンツでも、
たとえば「ボブ君、見てる？ ママだよー」って
ママの声で録音した英語の読み聞かせとか
知り合いのネイティブに同じことをやってもらうとかは
効果があるらしいので、またまた複雑よね。

でもどうせならはやってるコンテンツを軸にしたほうがいいし、
たとえ語学が身につかなくても、
「このアニメ好き」「小さい頃は英語でアニメを見ていた」
ってこと自体が子供の財産にはなります。
早いほうがいいよね。まだ話せない0歳の頃からでもさ。

これが5〜6歳の子にいきなり英語でアニメを見せると
「日本語にしてくれよ」と文句や抵抗が予想されるし、
「慣れと好き」のためだけに親しませておくのも
それはそれで価値があります。
だから、疲れてるときも毎回一緒に踊らなきゃいけない
ってことじゃないから安心してね。

> 動画編

【0歳〜2歳】

イギリス英語なら、Little Baby Bum という
英国の YouTube がおすすめです。
童謡だけど歌が下手ではないのでそんなにうざくない。

＜ Little Baby Bum ＞

https://www.youtube.com/channel/UCKAqou7V9FAWXpZd9xtOg3Q

アメリカ英語なら Dave and Ava。
この年齢の子には動画を見せたくない！というのなら、
音だけでも。

＜ Dave and Ava ＞

https://www.youtube.com/channel/UC6zhI71atP7YLoZyIyCIGNw

あとは定番の Baby Shark。すべて YouTube にあります。

＜ Baby Shark (Pink Fong) ＞

https://www.youtube.com/channel/UCcdwLMPsaU2ezNSJU1nFoBQ

【3歳〜5歳】

子どもたちが、ストーリー性を楽しんでくれる頃だよね。

世界的にバズっている英国の豚さん家族が主人公の

Peppa Pig は、動物が服着て歩いてる謎ワールドだけど

2010 年代生まれの子どもはみんな見てるから

一般教養としてどうぞ。

4人家族の豚さんたちがほのぼの生きている様子が微笑ましいよ。

ティータイムとか、フランスにすぐ船で行けるとか、

やたら園芸に凝っているところとか、

ティー以外の食べ物の描写がテキトーであることとか、

結構英国っぽいのでそこも楽しい。

＜ Peppa Pig ＞

https://www.youtube.com/channel/UCAOtE1V7Ots4DjM8JLlrYgg

他にも、アニメを見せても構わないのなら

英語の子供向けコンテンツはネトフリにも大量にあるので

気に入ったやつから見せればいいと思います。

＜ Netflix.com ＞（有料だけど洋ドラ見たくて契約してる人もいるよね）

あとは人によって**＜ディズニー＞**とかも見始めるのかな？

Baby Shark をつくってる韓国の**＜ Pink Fong ＞**シリーズが

大きめの子どものための他の童謡も紹介しているので

気に入ったらぜひ。

テンション高すぎるワクワクさんみたいなお兄さんが
歌ったり踊ったりしながら子供の好きそうなものを
解説してくれる動画シリーズ Blippi も人気です。
空軍帰りのガチムチなお兄ちゃんが、姪っ子が見てる YouTube
のクオリティが低すぎるって思って始めたとか。
結構シュールだけど、ものの名前とかを教えてくれたり、
かんたんな理科の実験もやったりでバランスが良いですよ。
今となっては人気すぎて炎上してます。

＜ Blippi ＞

https://www.youtube.com/channel/UC5PYHgAzJ1wLEidB58SK6Xw

読み聞かせ＆発音編

動画だけでは不安だし、もっとガッツリやりたい人は
絵本も取り入れちゃいましょう。読み聞かせは大事ですよ。
け、けど、お母さん自身の発音はどうしよう…自信ないし…
大丈夫、お母さんもフォニックスやりましょう。
アメリカの未就学児～３年生くらいまでの
「こくご」の内容がインタラクティブに学べる、
さらにフォニックスも学べるスグレモノが、
なんとブラウザだと無料！
タブレット版はちょっと課金が必要だけど
たいしたことないんでお子さんと一緒にやっても。
未来の教室採択事業の i.Dare で小学生のお子さんたちに勧め
てみたところ、みるみるうちに発音が良くなったそうです。

ちょっとお勉強ぽいので4〜5歳くらいからが良いかなー。

< Starfall >

www.starfall.com

お母さんは年齢関係ないのでこれで発音を強化したら、
いろんな本を読み聞かせて上げましょう。
おすすめは、まず、Dr.Suess です。

< Dr.Suess >

https://www.seussville.com/

アメリカ英語を習得するつもりなら、
60年代からの古典的絵本シリーズのこれがおすすめ。
アメリカ人なら全員知っているという一般教養要素も
高いので、ある程度大きくなったお子さんにも。
英文法が楽しく覚えられます。
Green Eggs and Ham や Zax などは YouTube に動画もあるし、
そのうちネトフリにも登場するらしい。

< Wayside School Series >

https://www.amazon.com/Sideways-Stories-Wayside-School-
Sachar/dp/0380731487

これも、1978年出版の古典的な小学生の本なんだが、
私が高校生の時に読んでもやたら笑えたのでおすすめしておく。
主人公が小学一年生たちなので非常に平易な英語で
シュールに面白い話が繰り広げられている。

< Richard Scarry Series >

https://www.amazon.com/Richard-Scarrys-Collection-
collection-stories/dp/0007977719/ref=sr_1_1?keywords=Rich
ard+Scarry&qid=1582235148&sr=8-1

これは図鑑要素の強い、シュールな絵本シリーズ。
日本語版でもファンが多いらしい。
1950年代の作品なのに
キッチンに食洗機があって羨ましいよね、と評判。
細かい書き込みが本当に秀逸で、
物語より図鑑に興味があるタイプの（うちの子とか）
お子さんたちにはこっちのほうがハマると思う。

ほかの0〜5歳までの絵本とかは古典もありつつ
新作が毎年たくさん出るので
Amazonランキングでも参考にしてみてはどうでしょう。

> 無料で名作が読める編

次は、無料で多読できるよ、って話をします。
Books should be free　Loyalbooks.com
翻訳児童文学の若草物語、トムソーヤの冒険、ドリトル先生や
エルマーシリーズ。
実は全部パブリックドメインであることを
ご存知でしたでしょうか。
エルマーシリーズやドリトル先生はその中でも英語が平易なので、
親の多読の入り口あるいは英検3級以上のお子さん向けに

おすすめです。

しかも！！！ オーディオ版も無料です。

つまり、文章を読みながら聞き取ることによって

情景が脳内に浮かぶシチュエーションが

家で、無料で、つくれちゃうんです。すごくない？

エルマーが「うちの父さんの冒険」として

エルマーの息子の視点から語られていたり、

ドリトル先生の行動のすべてのモチベーションが

「お金がない」だったり、

大人として読み返すと楽しいとかあるので是非。

親が英語から逃げないことは重要だけど、

先回りしてコンテンツを楽しむ、みたいな心が大事だよね。

10歳以下の英語力を家庭で伸ばす

これ以上は多読の範疇に足を踏み入れるので

ここらへんにしておきますが、

 子どもが普通に家で『エルマーの冒険』を

日英両方で楽しく読めたら

家庭の英語教育は

ほぼおしまいです。

そこからは、勝手に本を読み、YouTube を視聴し、

ネットかリアルで友だちを作り、

ニュースを観る人になれるからです。英語力的にはね。

「今年のサマーキャンプはコロラド州にしておいたわよ」って
勝手に英語でしゃべる環境に放り込めるし、
「母さん、僕はデザインに興味があるんだけど」
「へえ、じゃあ QS ワールドランキングでうちの予算的に
大丈夫そうな大学を自分で調べておきなさいよ」
と国外逃亡にもう「ちょい背中推し」以外の労力がかかりません。
必要だとすれば、
お子さんの興味関心にあわせた「英語で学ぶ機会」を用意したり
自分で見つける環境を整えることでしょうか。

文法訳読系・日本のため英語教育推奨の
おじさんやおばさんは大嫌いだけど、
「でも読む力までこぎつけないと本物の言語能力ではない」
ことを強調しておきます。
だって読めないと英語で情報の受信や発信ができないじゃん。
仕事もできないし学校に通うこともできないよね。

とはいえ、
発音や動画や歌やコミュニケーションをまず取り入れずに
読む力だけ伸ばすのは本末転倒。
中国語と漢文くらい違うわ。だから、
読む力は大事だけどあくまでゴールだと思ってください。

知人の中学校の先生 Nana さんは
発音やリスニングを伸ばしてからだと
読む力含む英語力がみんな上がった、とどこかで実証してたよ。

日本人家庭でバイリンガルは無理！とか主張する人もいるけれど、
そんなのは関係ありません。
日本人かどうか、というより個人差の方がデカイですから。

日本語読解能力で考えたって
小4で大人レベルのビジネス書を読む子も、
『ノンタン』しか読まない子もいますよね。

**親が少しだけ先回りして本を読んだり聞いたりしておいて、
おすすめをキュレートしておけば
おそらく「セルフメイド・ネイティブ」くらいにはなれます。**

別に発音とかはパーフェクトを目指す必要はないのですが、
英米の好きな方を真似しつつ、
英語で生きていく上で必要な力を
バランス良く身につけることができてりゃ良いのです。

おまけだけどね。
親のひとたちのための息抜きに
子育て垢をインスタでチェックするのも楽しいよ。
英語の子育て垢は自虐と愛に満ち溢れているので。

日本の大学に入っちゃったらこれをしよう

05

「日本の大学にこれから入るのは
自ら高値で赤字債権を買いに行くようなもの」と
公言している私からのプレゼント。
いろんな大学生とのやり取りの中から得たヒント×国外逃亡情報
をまとめてみた。

 ## まず、落ち込むことはないよ。

国外逃亡を考える意識の高いタイプの大学生なら、
入った大学によっては、授業に失望し、学費の高騰にため息し、
課題のぬるさや友達のダラダラさや就活の無意味さ、
そして将来の見通しの暗さに
「もうこんなところにいる意味はないのではないか」と
orz な状況になっているかもしれない。

実際、
実に2割をこえる大学生が、
就活を苦に自殺を考えるという

恐ろしい調査結果すらある。

抑圧と呪縛でがんじがらめにされた学生時代を一歩抜けると、
次は赤裸々な沈没船の最前線が見えてくるから、
現実は楽観できない。

が、それでも落ち込むことはない。
大学にいるから手に入るチャンスもある。
赤字債権でもそれをレバレッジして
状況を好転させることはいくらでもできる。
旅に出る前に装備品や現在の地理状況をチェックしてみたら、
意外にいいものを持ってたりチャンスの上に座ってて
気づかないことはよくあるからだ。
特に、国立でも私立でも
国内ではそこそこ有名な大学に通っている大学生！

自分の学校のウェブサイトを
チェックしてみたことがあるかな？

以前、自分の大学に絶望してやめようか検討している
大学生の相談に乗ったとき、先回りして
その大学の交換留学可能な海外提携大学リストを眺めたら、
世界ランキング上位 50 の大学たちが多数キラキラと並んでいた
ことがあった。

彼の大学は日本では有名でありつつ
世界ランキングみたいなものは全部圏外で、

英語教育も微妙なのでこのまんまでは到底海外就職など
できないのに、そんなルートがあったのだ。

**辞めるなよ！
こんな素敵なラインナップのところに
自分の大学の学費で行ける
のに！**

と思わず叫んでしまった。
ある程度予想できたことだが、
交換留学のための英語力のハードルは特に高くなく、
また過去3年のうち1人しか利用していない制度も多かった。
つまり、**その大学に入ってる立場からしたら
全く狭き門などではない。**

私から見たら、交換留学からの編入を目指せばいいだけの話だ。
もともといる大学に愛着やメリットを感じない限りは、
素直に卒業まで学費を払ってあげることもないと
私なら考える。
だって、その卒業証書あんまり使えないもん。
とっとと編入しよ。
欧州の大学のなかでは、
高校からの直接進学ではなく大学からの編入しか認めない
フランスのような不思議な制度も存在する。
合格の基準に使われるのが高校の成績ではなく、
好きで入学した学部の成績で有利に働くことも多い。

そして何より、**大学に入ると時間がある程度自由に使えて、**
自分の置かれた立場を認識する余裕ができる。
この状態で留学準備に取り組める。
つまり、大学に一度入った後に留学するほうが
メリットが大きいと考えることだってできる。

 ## 18歳に大学に入り、
22歳に卒業して就職する。
そんなルートが嫌だから
こんな本読んでるわけだろ？

もともと交換留学していいよ、
なんて指定がある大学同士の取り決めなのだから、
「お前の大学レベル低すぎて単位交換は認めません」とか
言われない可能性もある。
学部を完全に変える場合はたぶん言われるけどね。

留学先の大学でちゃんと成績がよければ落とされる要素もない。
その地元について土地勘も芽生えるし、
欧州ならば近隣の大学をつまみ食いのごとく見て回ったり
ネットワーキングしまくったりすることもできるから、
かなり強いオプションだと思う。
あとは「**留学先の学費が払えるか**」だが、
日本の私立大学の学費が払えるなら EU 圏も大丈夫だ。
英国だけ高いんだけど Brexit（欧州連合離脱）したし 😬

ハンガリーの医学大学は、
卒業後日本だけでなく欧州でもアメリカでも
医者になれる可能性が開けているのに、
学費がやたら安かったり奨学金が豊富だったりするため、
日本の高校生どころか20代後半の社会人とかが
「ちょっとブラック企業とか意味ないのでグローバルな医者に
なってくる」と行ってきたりすることがあるみたいなんだ。

日本の就活っておかしいだろ

日本で大学生をやること自体、
たぶん楽しいことやチャンスもそれなりにあると思う。
楽しく大学生活を送ってる子たちに、
何が何でも外に出ろやと言い続けるのが心苦しくなる場面もある。
在学中にひたすらインターンしまくって
マイナビ何それ状態で内定をもらいまくってる子も知っている。
強者はどこにいっても強い！ という例に出会ったこともある。

日本の教育システムの中では、
大学が一番自由で楽しい期間かもしれない。
そこそこ人権もあるし、時間の使い方も自由だし、
出会いも多様だし。

それはそれで楽しんでくれてかまわないのだが、
それでも私は

君たちにリクルートスーツを
着なきゃいけない身分に
なって欲しくない！

「日本の大学は赤字債権」という言葉は
日本の大学そのものというより、その先にある君たちへの、
新卒採用企業がしてくる奴隷みたいな扱いや、
もともと持っていた力に関係なく、
その後どんどん身も心も潰しがきかなくなる
キャリアの沈没船っぷりを嘆いて言っていることなのだ。

私自身、Duke 大学在学中は、
自分の選択が本当に正しかったのか
わからなくなる瞬間がなかったわけではない。
日本で慶応とか早稲田に行った友人たちのほうが楽しそうだな、
なんて思ったことも少なくない。
私だけ夜中の 4 時までやらないと終わらない論文漬けで
文化の違う田舎暮らしで
日本みたいな居酒屋飲み会パーティーとかなかったし！

「うわ何だこれは」というレベルの違いに
気づいたのは就活と就職後のことだ。
私と友達は、
どちらも名のしれたグローバルコンサル企業に入社した。
あるのは、私がボスキャリ経由の米国現地採用で、

友達が日本支社採用という違いくらいだ。
私は一緒に働くチームとの面接を
ちょこっとして内定をもらった。その1回だけ。
彼女はESからはじまって
ウェブテストからグループ面接から役員面接に至るまで
6層ほどもある関門を2ヶ月かけて突破し、内定をもらった。

私は入社直後の研修が
「セクハラはいけませんよ」
「パソコンをなくしてはいけませんよ」のビデオを
3日見続けることだったのに対し、
彼女は名刺交換からおじぎから箸の上げ下げまで、
いろんなことを軍隊式に叩き込まれた。

私は上司や同僚やお客さんたちと
ファーストネームで呼び合うのに対し、
彼女は長上に頭を下げまくらなければいけなかった。
私は「あんたの有給休暇、
年間25日もあるからとっとと消化しいや」と
先輩や上司にことあるごとにリマインドされ続けたのに対し、
彼女は「1年目が休みなんて取れるわけ無いでしょ?」と
吐き捨てるように言った。

私が9時に出社し6時きっかりに帰る日々を
3年間過ごしたにも関わらず、
彼女は終電を逃すような日々を送り続けた。

ちなみに私が米国公認会計士資格やMBA受験を
サクッと終えられたのも、この勤務時間のおかげである。

私の上司たちの5割が女性だったのに対し、
彼女の会社は上の人がおじさんばかりだと嘆いた。
そうやってファーストキャリアを2年半ほど過ごしたあと、
気がついたら私の収入は彼女の2倍ほどになっていた。
私が友達よりも優秀だったわけではない。
この赤裸々な差は、
ピュアにグローバル賃金とローカル賃金の差でしかなく、
ある種、現代でも存在する身分差でしかないのだ。

私は、何ひとつ落ち度がない優秀な人間が、
こんな状況に甘んじるのをこれ以上見たくない。
どっちのキャリアが良いとかどの会社が良いとか
そういう問題じゃない。
最終的にどこに住むのかすら問題じゃない。
自由か自由じゃないかは、歴然とした差が存在する。
召喚獣として応援するから、
頼むからみんな自由を手に入れてくれよ。

やる気の湧いてきた大学生が今すぐできること

「わかった！じゃあ日本で大学生やってる
現在の立場を悲観せず、まずは交換留学で
世界を知るところから始めて卒業前までには

逃亡出来るように頑張る！…で、
どう頑張ればいいでしょうか？」

そもそも大学生に必要なのは
「思考の軸を増やすこと」「思考言語を増やすこと」、
もっと端的に言えば「世界を広げること」。
どこに行くにしても「他の人が学べない何か」
を持ち帰ってくるのが前提だ。
アメリカでどっぷりリベラルアーツに染まるのでもいいし、
欧州で人々の生き方そのものから色々吸収してもいいし、
アジア新興国で物事が急に変わっていくのを目撃してもいい。

日本の色々に疑問を持っている形で外国に行くと、
その疑問の鍵が絶対に見つかる。
行く先々で見つかる鍵の種類が違うだけだ。
重要なのは「ここに行くことで何を得てくるのか」を
シミュレーションしておくこと。
たぶん、予想とは違うものを得たりするし、
そのシミュレーションの中身は無駄になるけど、
一度シミュレーションをした状態で行くのと、
そうでないのとは全然違う。
Plan is worthless, but planning is everything
（アイゼンハワー）だよ。

あ、英語はね、これから留学する人へは
いくつかアドバイスがあるけど、

103

❶これから行く国や地域のローカル事情とかを
英語で読んでおけー。YouTubeやPodcast、インスタや
TikTokでも良いよ。くだらないローカルニュースでもいいよ。
だって、ジモティになりにいくんだから！
どの地区にどんなお店があって、
そこがどんなレビューをされてるかとかまで調べてみよう。
そして、その地域でどんなことが話題になってて、
どんなコミュニティがあって、大学ならマスコットは誰で
最近のコントロバシーはなにかとか。

❷同年代で流行ってる音楽とかセレブとかドラマは
ちゃんと一般教養として詳しくなっておいてね。
交換留学なんて、長くて1年しかないし、
「外国からきたナントカちゃん」は友達を深く作るのが
難しいんだから共通の話題はいくらあっても足りない。

❸その大学の指定図書のなかの、ポップめなのを読もう。

❹行きたい大学の人間をHello Talkとか
FBで釣り出し、SNSでチャット友になろう。

❺自分のことを楽しく面白く英語で語るノリとかを見つけて
それに慣れよう。
試験で測れる英語力は、実際の社交の場ではすごく脆い。
先生に気に入られる英語力を持ってても
友達をフラットに作る力には結びつかない。

Stage

4

大人が発揮すべき 「リーダーシップ」に ついて語ろう

はなす　じゅもん
さがす　そうび

現代における「本当の格差」の正体とは

人って不思議だよね。
最近「教育乱世」が極まっているのか、
Edvation Summit というカンファレンスに登壇した直後、

もう大人から見ても子どもから見ても、
今の社会はやってられないので一緒に国外逃亡したいです!
どうしたらいいですか?

という5歳から15歳くらいのお子さんを持つ親御さんたちと、

責任ある立場にいるのだが、自分の組織から
もっと海外に進学ができる子どもたちを送り出したい。

という校長や教育委員会関係者の方々に、
その場で相談を受けまくってしまった。

私はみんなの親やみんなの先生になれないかわりに、
みんなの召喚獣になろうと思ってこんな本を書いているんだ
が、親や先生たちは、実はすこぶる意識が高い。

だから、Stage 4 のテーマはズバリ、
「若者が国外逃亡したくなる社会においての、
大人のリーダーシップ」にしてみた。

そう、この本の読者には大人も多いはず。
だから、まずは「大人」の破壊力について語らせてもらおう。

35 歳以上はロールモデルであり、反面教師である

前章では、10、15、25、35 歳以上の人のための、
それぞれ冒険者レベルアップ的な指南をした。

実はこの原稿、先にネットでアップしたコラムが元なんだけど、
「おいそこ、45 歳とか 55 歳を見捨てるな!」みたいな声が、
記事公開後 10 分で各所から寄せられた。
「ああそういえば、年長者の仲良しが多かったんだった……」
と今更、思い出してしまった。
子どもの頃から大人に相手してもらうの好きなのよ。

そこはありがたいのだが、
年齢別にした本来の意味は、そういうことじゃない。
ステレオタイプなキャリアを歩む日本人なら、
35 歳以上になると下からは良くも悪くも
ロールモデルや反面教師として見られている。
学校の先生などの場合は、新卒の時からそう見られている。

107

だから、
あれもできない、これもできないと泣き言を言わずに、
できることの数を数えてほしい。

 ## 部下とか子どもとか生徒とかがいるのに、
自分がリーダーシップを取らずに
どーするの？

というメッセージだったのだ。

自分のやりたいことが
親や教師や、年長者や上司によって阻害されたなら
あなたは閉鎖社会の被害者だったかもしれないが、
その下の世代、つまり自分の子どもや若手や部下が
あなたと同じく新しいことをやりたいと言ってきたとき
「やめときなさいよ、どうせ無理だよ（自分も無理だったし）」
と諦め顔で言ったら、今度はあなたが加害者なのである。
嫁姑スパイラルはやめよう。

英語といい、キャリアといい、「人の要素」からは逃げられない。
よりによって英語入試改革が頓挫した直後、
「グローバル教育を語れ」なんという建て付けで
登壇した折も、伝えたいのはそこだけだった。
あなたがたがグローバルリーダーにならないと、
子どもたちはグローバルリーダーを目指せさえしないよ？

よく、目先の親の経済力だけが切り出されるが、

それは子どもたちの将来を左右はするが、決定はしない。

国を挙げての改革が頓挫した今、

本当の格差は、差が開くばかりでしかない。

地域や経済力でも確実に差は付くけれど、

それよりよっぽどでかいよ。

「どんな大人に構ってもらえるか」
格差である。

「英語なんか必要ない。

おまえはこの土地で生きてこの土地で死ねばいい」と

職務放棄の英語教師に言われ続けるか、

同僚の迫害に遭ってでも「将来の選択肢が広がるように」と

使える英語を教え続ける殉教者みたいな先生に当たるかが、

本当の格差である。

EdTech だってそうだ。

どんなに EdTech にお金をかけても、

先生によってはタブレットを文鎮にして終わりだから。

同じような世帯年収のお宅でも、

「お金は出すからとりあえず GMARCH（学習院・明治・青山・立教・

中央・法政）でも目指しなさい」と

自分が持つ社会への不安を子どもに押し付けるような

キャリアアドバイスをする親を持つか、

あらゆるやりくりを通して子どもに世界を見せたり、

多様な価値観を語り、
「奨学金が取れたら海外を目指してみてもいいかもね」と
励ましたりする親を持つかが、大きな格差なのである。
（書いてて今、反抗期というものの重要さを再実感した。反抗期がなければ、
人類は滅んでいたかもしれない。）

国外逃亡の話をするならば、私の母校フェリスでも、
「本当は海外の大学に進学したい」と言う同期は、
知る限り 10 人は存在した。
だが、大学の学部から海外進学ができたのは私だけだ。

これは、私が人より賢かったからとか
家の経済力が勝っていたから、という理由では決してない。

 **背中を押してくれる親に
恵まれたからでしかない。**

02 大人は全員、何かしらのリーダーである

大人はみんな、何かしらのリーダーなのだ。

何千人もの高校生や大人にアントレ思考を

英語で教えてきた経験から言える、身もふたもない事実だが、

実は社会を手っ取り早く変えるには、

意思決定力と行動力を持つ大人をエンパワー（自信を持たせる）したほうが効率が良い。

経産省「未来の教室」で２年連続開催している

先生用の EMBA（Executive MBA）（実務経験を重ねた上で取得する MBA）、

Hero Makers で分かったことだが、

学ぶ気のある学校の先生１人をエンパワーすれば、

大きければ学校の空気がまるごと、

小さくても学級 30 人ほどの子どもが変わる。

その大人の地位や肩書や年齢は、

生み出せるインパクトの大きさには直結しない。

学校くらいなら、本当に行動するだけで、変わるのである。

だからまず、「これが……私の、力……！！」と

自分の破壊力を自覚してもらった上で、

本題の国外逃亡の話をしようか。

国外逃亡したくて、そして、
自分を自由にしないとやってられないような必要を感じて
私に話しかける人は、例外はあるが、
私をロールモデルにできる若年層が主流だと思っていた。
でも意外と大人も多いのよ。
年下の私にわざわざ相談しようとする理由には、
以下の2パターンがあると思われる。

①スターターキットのような情報が欲しい

親子、組織、生徒ともに自由になりたい気持ちは負けない!
そもそも、うちの生徒が海外大学?
うちの子と中高で国外逃亡? そんなこと可能なの?
お願いだから可能だと言ってくれ! という感じの方だ。

寧々さんはなんか知っていそうだから、
もしそんな良い感じのチート情報があるなら教えて欲しい、
つまり、スターターキットのような情報が欲しい。
いくら必要性を分かっていても、
とりあえず、てっとり早いロールモデルのスタート情報や
心構えを聞いておきたい気持ちは、痛いほど分かる。

②周りの説得に苦労している

大人として、親として、教師として、
または校長や教育リーダーとして、
せめて今の子どもたち世代の大学教育くらいは
国際的なスタンダードに合わせたい。

しかし、「行ってこい」とか「送り出したい」とか言っても、
周りが! 配偶者が! 部下の現場の人が!
そしてあるいは、当事者である子どもが!
分かってくれないんだよう……。
どうしてこんなにみんな内向きなんだよう……。
だから寧々さん説得してよう……と、
せっかく興味はあるのに周りの説得に苦労されてる方。

まあ、この2つのパターンの方が多いんじゃないかと
勝手に思っている。

年齢が高いだけに、今まで積み上げてきた
価値観や責任やローンなど重圧もあるが、
変わりゆく世相に対して、
自信を持ってフレキシブルな対応をしたい。
だが、総じて**一歩踏み出す勇気について、**
具体的な情報を絡めて日本語で語ってほしい、
という需要なんだと私は解釈したよ!

人は、自分の中に基準がない情報をググれない

たとえば①で親子での留学の場合、
私がそのパターンではないのは経歴を見たら分かる。
思い切り日本の中高から英語もたたき上げて
合格してから初渡米した系だしね。
また、狭いコミュニティーだけど、子どもを小学校、または中高から

113

ボーディングスクールに送り出す日本人も存在する。

日本語でググっても英語でググっても、ある程度の情報は出てくる。

海外のインターナショナルスクールなどの HP は

驚くほどわかりやすくて美しい。

だから、ググればいいのに、って思うじゃん。

だが、経験上分かるのだ。

 ## 人は、自分が生きていけると感じる空間、 "Comfort zone" の外にある情報は ググれない。

ググったとしても、何をどう基準に読めばいいのか、

イメージがつかめない。

イメージをつかむためには、

まず、インスパイアされる必要があるから。

まず「それ、可能なの？」と聞いて、

ある程度信頼できる人に「うん可能だよ」と言われる、

みたいなやり取りがしたいということだ。

Comfort zone を抜け出させてくれる

何らかのリーダーシップが欲しいのだ。

小さなリーダーシップの例として、私の母の話をしよう。

実は、私も高２までは東大にでも行くつもり満々で

模試は受けるし赤本は買うし、という生活をしていた。
なんなら、中3で『東京大学機械的合格法』などを買うほど、
やる気にあふれた受験生だった。
この本にあった「教科書ガイドを使うと良いぞ！」という
アドバイスをのんで GPA（欧米で多くの大学が取り入れている成績評価）
が高くなったので、結果的によい買い物だったけど！

**それを両親に「やめとけ」と止められるのだが、私も親も
「日本の高校生がアメリカの大学って行けるもんなの？」
みたいな情報など微塵も持っていない。**
そのとき母は、やはり生きたロールモデルが必要だ！と
友人の友人くらいに頼み込んで、海外進学の先輩に
ナマで話を聞く機会をなんとかセットしてくれた。

お下がりで電話帳みたいなサイズの
SAT（米国の大学進学希望者を対象とした共通試験）の過去問集などを
ありがたくいただいて、
「あ、自分も海外留学に行けるかも」と腹落ちしてから
SAT会場をググりだしたものだ。
その Comfort zone からの脱出がなかったら、
1年後に、横須賀基地へ乗り込んでSATを2回も受ける、
みたいな冒険をする勇気は出ていなかっただろう。

そして、自分も未知の世界で不安だろうに
ここまで行動してくれる母との信頼関係がなければ、
あっさりと赤本を捨てることはなかっただろう。

馬に水を飲ませようと水辺へ引っ張ることはできても、
水を飲むところまでは強制できないという諺（ことわざ）は、
親や教師がロールモデルとして
若い世代の人生のベンチマークとして機能してるし
強制力もある程度はあるけれど、
「思い通りに頑張らせること」までは
できない現実を表している。

 ## 子どもに自分と同じ方向を向かせるには、
信頼関係があるチーム
であることが必要なのだ。

①の親子留学をしたい保護者にも
②の大学教育を国際的なスタンダードに合わせたいリーダーにも、
必要なのが初期情報だけの場合も、
もっとディープな信頼関係の場合もある。
いずれにせよ、そんな親や先生に必要なのは、
小さな勇気とリーダーシップなのだ。
そうやって、話はリーダーシップに戻ってくる。
で、**もういい年齢の大人はどうやって**
グローバルリーダーになればいいか？

白川寧々が考える「グローバル人材」のハードルは低い。
どれくらい低いかって言うと、
スタバやユニクロに行ったことがあれば
消費の意味でグローバル経済に参画しているので

「グローバル人材です」っていうほど低い。

グローバル経済大国日本では、
外国語を使わなくても
直接外国を意識せずに仕事をしていても、
息してるだけで、どうせグローバル経済からは逃げられない。

だってほら、大人なら分かると思うけど、
「リーマンショックというやつ、
自分には１ミリも関係ありませんでした」って言い切れる人、
日本国民ならゼロでしょ？ グローバル人材じゃん。

世界はつながっているという前提で、
どう生きたいのか、どう生きられるのか、
競争力がある点はどこで、どこにリスクがあるのか、
考えて考えて行動して、
子どもでも部下でも生徒でも後進の者に
良い影響を及ぼせたら、

 それだけでグローバル視点を持つ
グローバルリーダーだよ！

はら、簡単なことじゃん。
そして、**定義より肝心なのは、**
どうやって自分の家庭や組織、
そして自分の心の壁を壊すか、だよね？

「WHY」で語れるリーダーになろう

私の考えるめちゃくちゃ広義のリーダーシップとは、
ざっくり言えば「WHYで説得する」ことである。

「どうして、あなたが勧めてくるその方向に
自分がワクワク取り組む必要があるのか」。
そのWHYを腹落ちさせれば、おしまいである。

日本の企業や家庭や学校組織の場合、
上の立場の人の言うことが気に入らなくても
「嫌なので辞めます」という前提で動く人がめちゃ少ないので、
これは、当たり前に見えても、じつは驚くほどそうじゃない。

結構な数の非効率が、
この構造に由来すると個人的には思っている。
前も言ったように、**子どもや若者、そして組織構成員は、**
基本、あなたの言うことに影響をとても受けるが、
あなたの言う通りにするかは別の話だ。
選択肢の建て付け上、言う通りにするしかない場合は、
その行動にどれくらい心を込めるかくらい、自分で調節する。

だから、英語の塾へ入れても英語が好きになるとは限らず、
短期留学に出しても海外進学を志してくれるとは限らない。
ICT を普及したい文科省の言うことを聞きたくない先生たちは、
せっかく公費で買わせたタブレットを文鎮にする。

いずれも、肝心な当事者が
WHY のところに納得していないからだ。

ダニエル・ピンクの
『To Sell is Human: The Surprising Truth About Persuading,
Convincing, and Influencing Others（邦題：人を動かす、新たな3原
則 売らないセールスで、誰もが成功する！）』を
起業するかしないかのときに読んで
「なるほど」と思ったものだが、
彼によると教育と医療の本質は「セールス（営業）」である。

「なぜこれを学ばなきゃいけないのか」
「なぜホメオパシー（自然治癒力に働きかける治療法）が怪しくて、
西洋医学が正しいのか」といった、
相手に人生の大事な部分を預けているのに
結果が100パーセントは保証できない性質のものを、
専門家である教育者や医者は
若者や患者に心から納得してもらえるように
「売らないと」いけない。

119

そう、「これをしなさい」と押さえつけるのでは
100パーセント意味がない。
海外進学に限らず、進路系のことで
あるいは組織内の行動変容系のことで誰かを動かすのであれば
「選ぶのは100パーセントあなただけど、この道はこんなに
素晴らしいのよ、なぜなら……」と「Sell」しなきゃいけません。

Hero Makersでも
「上の人や下の人が正しいことをやってくれない」と
文句を言う先生の人たちに散々言ったな。
「あなたは『あなたの考える正しさ』を受け入れたら
こんなに良いことがある、という説得をしましたか?」と。
その感覚を手に入れて、学校が飛躍的に変わったよ、
という先生がたくさんいたっけ。

人を説得するそのとき、
すごく重要になってくるのは、2つのWHYだ。

1つ目。
「どうしてあなたの言うことを聞いたほうがいいのか」という
相手にとっての即物的なもの。

2つ目。
「どうしてあなたにとって面倒なSellをしてまで
相手を説得したいのか」という
あなた自身の、当事者としての意欲の言語化。

**古今東西、あらゆるリーダーシップ講座で絶対聞かれる
「Who are you ？」的なやつだ。**
特に教育リーダーが
周りの人とのチームビルディングがうまくいってないのは、
いずれかの「WHY」が、あるいはいずれも（！）が
欠落しているか意識してなかったから、なんてことが多い。

いずれの場合も、自分で見てきた世界、
そして自分の今の生き方の前提になってる世界を
言語化したときの説得力に勝るものはない。
あと、リーダーが本当に、自分の言っていることを
人より努力して実行しているかどうかを、
特に子どもたちとかはよく見ているので、
行動でそれをアピールするのも大事だ。

本を買ってくるとか、セミナーを受講するとか、
短期のサマーキャンプに申し込むとかは初歩的だが、
自分で英語を始めるとか、ネットワークを広げるとか、
自身の Comfort zone を脱するくらいには真剣だし、
結果も出したぞ！ くらいの説得力が欲しい。
「うちも倍率上げるために海外進学者とか出そうかなー」
くらいじゃ、断言するけど、

 ぜーーーーーったいうまく行かないから。

寧々式・リーダーがやるべき4つ

だから、親でも先生でも、
あらゆるリーダーには以下の4つをおすすめする。

①子どもや生徒とチームになる覚悟を持とう

海外進学の当事者が子どもや生徒である場合、
彼らとチームになる覚悟を持とう。

役割や肩書を超えて、人間として対等に付き合おう。
役割としての「親や先生」を尊敬して
将来を預けるイノセンスは、当然ながら今の子にはない。

対等というのは平等というわけじゃない。

が、
「あなたの言うことすべてに
先方は嫌だと言う正当な権利がある」くらいの理解と、
「人間として対等に付き合う」覚悟、
「友情を持って接する」覚悟を持とう。

当事者のほうが精神的負担も強いし、
彼らは大人びていてもあなたを頼りにしているから、
うまくいかせたいなら、そのケアにも少し気を使おう。

② Comfort zone を脱出しよう

特に海外経験や英語に自信がない人は、
Stage 3 で書いたように、
TED とかドキュメンタリーでもいいから、
英語で自分の Comfort zone を抜け出すものを
読んだり聞いたりし、
興味のあるイベントに出かけてネットワークを広げよう。
学校組織の場合、英語で一次情報を得る習慣があるのが
あなただけ、みたいなことになる可能性もかなり高い。

そうして**得られた体験や情報を発信し続ける努力を
していれば、周りの人は、結構リスペクトしてくれる。**
そして、Comfort zone を抜け出せたな、と感じたら
大胆にググろう。予算内のオプションはきっと見つかる。

③自分自身と向き合おう

どうして自分は日本を出たい？
どうして子どもを国外に出したい？
その理由となる原体験を説明することができるだろうか？
もし、経済や社会に対して漠然と不安や焦燥を
感じているとしたら、その根源はどこにあるのだろうか？

私も数値やデータや自分の経験などを発信しているが、
あなたの「思い」はどこから来ているだろうか。
せっかくの機会だから、親、教師、
または校長や教育リーダーとしての「活動」をしながら、

自分の価値観の源泉を解析してみよう。

これは、対外的説得力の意味もあるし、
自分のモチベーションを保つ効果もある。

あと、**ここで得た答えなどを、相手の年齢によって
デフォルメ**（意識的に変形）**しても構わないから、
生徒や子どもと正直に、シェアできるようにしよう。**
そもそも「どうして？」がないと
努力の方向性が分からなくて、みんな苦労するのだ。

たとえば、親子で国外逃亡したい人は、
「地元の空気を１秒も吸いたくない理由がある」のか、
ただ「日本の一条校の閉塞感が無理」なのかで、
だいぶ、取れる手段が変わる。

前者なら、今すぐ親子で欧米や東南アジアに行ける
オプションを検討するしかないが、
後者なら、低予算だから大学までは日本国内だとしても、
そこそこリーズナブルなインターナショナルスクールを
探してみればいいのかもしれない。

だから、「どうして？」を、明確にしておいたほうがよい。
国外逃亡に限らず、
教育者ならすべて一度は考えたほうがよいことなんだけどね。

④家庭内外、組織内外に仲間を増やして、体制を作ろう

自分の思いを Sell するのに慣れたら、次は、
「いいね」と言ってくれやすそうな人から仲間にしよう。

家庭内なら、まず子どもを味方にするとか。
子どもが頑固なら、配偶者とか親戚とか、ママ友でもよい。
仲間を増やすには、一緒に短期の海外キャンプに行くとか、
有名な学校を視察するとか講演を聞くとか、
ドキュメンタリーを見るとか、
同じ体験をして Comfort zone を抜け出す活動をすると
言葉で説得するより効果がある。

塾で体験授業が一番楽しいのも、
子どもが「わーい 😃」って塾行くようにするためだ。
親に「塾行きなさい」と言われてもつまらぬだろう。

あなたが管理職で、学校組織内なら、
たぶん動かさなきゃいけないところがたくさんある。
頭が柔らかくて行動力があり、かつ、
できれば仲のいい現場の先生と一緒にイベントへ行くなり、
ドキュメンタリーを見るなりして、味方にしよう。
味方が増えたら、生徒を囲い込もう。

学校の先生の仕事は煩雑なので、
「行動」をアピールするためにも、
たとえば海外進学に時間を使うなら部活やその他の雑務を

免除する、くらいの覚悟を持とう。
管理職→現場の先生→生徒の協力ラインがつながれば、
そのための時間は捻出できる。

たとえば、海外進学のための部活を作ってしまうとか。
そうしたら、生徒と先生両方の時間が浮くし、邪魔も入らない。
一部の生徒だけに時間を掛ける正当性も確保できる。
同じようなことをする学校を全国に広げれば、
あっという間にギルド化もできる。あくまでたとえばね。

04 まずは自分が半歩先に世界に出よう

親子揃ってこれからだ！な方々に捧げる
スペシフィックなアドバイスとしてよく言うのは、
「まず、自分がどこかに行ってみて世界を広げ、
半歩後ろに小さいお子さんを導く」である。

親子で国外逃亡を頑張る場合、
避けなきゃいけない落とし穴が
「親だけ突っ走って子供が置き去りになる」とか
「親がリテラシー低いのにお金で解決しようとして
よくわからないプログラムに子供を放り込み、
プログラムが合わなかったため、子供が海外大嫌いになる」
とかいうすれ違いのケースだ。

特にホームステイなどは当たり外れが激しすぎるので、
相手がすでに信頼出来る家庭とかじゃないと、
低年齢にはおすすめできない。
自分も学ぶ覚悟で、率先して国外逃亡を頑張ろう！というとき、
家族もお子さんもチームの一員という
チームビルディングが不可欠である。

特に、
「周りは国内で一生を終えるのが当たり前で、
自分も最近までそう思ってたのに、
子の代から違うことになると思う」と最近覚悟した皆様、
これ特に大事です。

極端な例を挙げてみよう。
私自身の経歴を見たことがある人は気づくかもしれないが、
私も親も、私が大学に入るまで英語圏生活体験が全く無い。
（別におすすめはしませんが。）
うちは特にひどくて、
両親ともに旅行などではアメリカに行ったことがあるのに
私は大学合格するまで、英語圏の土すら踏ませてもらえなかった。
（本当におすすめしませんが。）
まわりに語学留学とかホームスティとか、
夏休みにちょっと行ってみる体験をした友達もいたのに。

だが、私の中で、
行ったこともないアメリカの大学を受験し、
進学する進路があまり揺らがなかったのは、
進路などの価値観において、
「私は家族と同じ船に乗っている上に、
『一般論や常識』とは1ミリも関係ない」と
思えるほどの信頼関係があったからだ。

思春期になってからは

家庭の外から影響を受けることのほうが多くなるので、
そうなる前に、「友情」にも似た信頼関係を築けるかどうかは
マジで大事なのだ。

両親が20〜30代のときに
誰にも頼らず見知らぬ国に来て学位とって定住して、
家とか買ってるんだから、自分もできるだろう。
普通にできるよね？
と、そこまで想像力でカバーしてしまった。

たくさんのお金をかけたり、
最高のプログラムを見つけることだけを頑張ったりして、
「ほら行ってきて勝手に成長してこい」ではいつか亀裂が走る。

「ママは何もわかっていない（留学先の価値観が身について会
話が噛み合わない結果)」
「お金をだしてやったのに感謝もしないなんて（お金しか出し
てないからだよね)」

みたいなすれ違い、嫌じゃん？

 見ている世界が違いすぎる人とは、
親子でも会話が成立しなくなる
ものなのだ。

実際にそういう例も私はたくさん見てきた。
その前に効果的なのは、
やはり目の前で自分自身の世界を広げて見せて、
「みてみて、これすごいんだよ」とか
「ほら、英語はパパも頑張ったらできたよ」とか
ワクワクしながら自分が見た世界や成長した結果を伝えることだ。

ちなみにうちの父親は現在に至るまで英語苦手マンなのだが、
私が中学校に入学し、日本式英語教育に幻滅していたとき、
彼は NOVA に入塾して家でも教材を聞いたり読んだりして
頑張っていた。
私も塾に行きたい！ とお願いしても
お金が勿体ないと行かせてもらえず（笑）、
仕方なく彼の CD 教材などを盗んで勉強していたら
私だけできるようになったのは我が家の笑い話である。

子供が小さいうちは、半歩先で世界の水先案内を務め、
驚きも焦燥も楽しさも隣で一緒に味わい、
そのうち追い抜かれるときに
「ママも知りたいからもっと語ってよ」と
立場を逆転しても仲良くあり続けられる関係が、
幸せな逃亡準備には必要だったりする。
この日本の同調圧力社会でマジョリティと違う道を行き、
それに成功するには、そういう

家族は**何があっても味方**だよ

という関係が、本当に不可欠なのである。

家族は当たり前にそこにあるものではなく、運命共同体の船であり、
構成員それぞれの幸福と成長と自由のために前進させるもの。
年齢の多寡に関係なく、構成員の意志や自由は尊重され、
一緒に価値観をアップデートする。

移民家庭でうまく家族が回っているところは、
みんなこれができている。
そして、
船でリーダーシップを取るのが、
まあ言うまでもなく大人なのだ。

経産省プログラム HeroMakers でも活躍してくれた
小学校の先生・三浦先生は、
英語力にあまり自信がないものの、
夏休みの短い期間にシカゴで学ぶプログラムに飛び込んで、
英語でのアイデア最終発表を含むプログラムを完遂。

息子さんはもちろん、
新学期に小学校の子どもたち全員にそのことを笑顔で、
しかも英語で報告した。

「やってみようと思えばできる」物語が、
多数の子どもたちの頭の中に植え付けられた瞬間だった。

「どうやったら子供の英語に対するモチベーションが高まるか」
という質問にも間接的に答えていると思う。
子供のモチベーションだけ高めるのは本当に難しいので、
「うちの家族の船の進路はできればグローバルに行きたい。
一緒に手を取り合って行こうよ。まずは、ママが頑張るからさ」
と、自分がまずサマースクールに行って学び、人脈を築き、
英語の活躍力を磨き、そこで自分の目で見た、
「自分がワクワクする教育環境や世界や国」に
子供を連れて行くのが順当だ。

「自分の世界も広げるぞ！」と気合を入れて
英語は拙著のアドバイスとゼロ円でなんとかして、
その努力する姿を子供に見せよう。

サマースクールへ行く親の中には、
子供は現地の通いのプログラムに放り込むか授業にも帯同する、
みたいな計画の人もいるけど
それは許されていることも多いのでリサーチしてみよう。

「本気で親子逃亡します！」な人は、
現地の子供を入れる学校のサマースクールがあることも
多いので、検討してみよう。
ボーディングスクールとかはたいていある。

なんでストレートに
「このプログラムがいいからおすすめ」って
私が言わないのかって？
そんなに興味あるなら語ろうか 😃

私が創業したタクトピア株式会社の仕事の大半は
私のゆかりの地、MIT のあるボストンやシリコンバレーに
中高生を連れて行って
アントレプレナーシップやらイノベーションを通して
自分を見つける旅を作ることだった。
そこから海外進学者もたくさん輩出したし、
実際に子どもたちの人生の可能性を広げることもできた。

 できたんだけどさ！！！

その後の子どもたちの成長効率や進路が、
プログラムそのものの質は同じでも、
同行する教員や送り出す親のマインドセットによって
大きく左右されることがわかってしまったのだ。
その最大の分岐が

「大人たちも自分の世界を広げる好奇心・学んだり成長したりする
貪欲さを持っているか」だった。

引率の教師が、講演中などに誰よりも熱心にメモを取り、
「自分もプレゼンさせてください」と
最終発表で子どもたちに背中を見せる人か、
ずっと寝てるか飯がまずいと文句を言う人かどうか。
送り出した親が「何を学んできたか教えて😊」と問う人か、
「遊んできただけでしょ」と言うだけの人か。
それで同じ体験をしてもその後の成長路線が変わってしまう。
ぶっちゃけ、サマープログラム産業が荒れているのも、
マジョリティの親や学校の本質無視・消費者目線に
付け込んでいる要素が大きい。
国外逃亡をひとりで成功させるには、
よほどの反骨心が必要である。
だが、家族がついていればその限りではない。

だから、英語が得意でも不得意でも、
予算があってもなくても、
まずは自分が先に行って道を示す前提で行こう。
話はそれからです。

Stage

5

「沈みかけた船」の
現実を
直視しよう

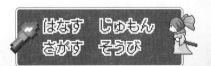

はなす　じゅもん
さがす　そうび

沈みかけてるのは「日本」ではなく「普通」という概念

Stage 5 のタイトルはいつにも増して扇情的だが、
残念ながら私個人であおっているわけではない。

私の立場から見えている現場のあらゆる事象を総括して、
日本の共同幻想としての「普通の教育」は、
あらゆる角度から信頼を失っており、「沈みかけた船」だよなこれ、
と気づき始めて行動する人が
どんどん増えていると結論付けているだけだ。
そう、「幻想」なのだ。

結論から言うと沈んでいるのは「日本」ではない。

日本そのものやその人材や資産など本書でも散々語ってきたけど、
世界的に自慢できるリソースやスキル、
資産はたくさんあるし、市場規模も悪くない。

個人レベルで活躍する空間は、作ろうと思えばいくらでもある。
私が思うに、**沈んでいこうとしているのは、**

「日本」でも「日本人」でもなく、
何も考えずに追従すればそこそこ幸せになれた
古き良き「普通」という幻想に支配された
生き方をする人や組織だけである。

本書を読んでいる人の中には、
「よし、自分も国外逃亡するぞ！」という人だけでなく、
「沈みかけた日本の教育を良くしたい」と思って
実行している人もたくさんいる。
もちろん、「良くしたいから自分は一旦海外に出るぞ」という
人もたくさんいる。

だから、沈みかけた船というものに乗っている者が
取れるあらゆる選択肢について、少し語らせてほしい。

沈みかけた船にいる者が取れる選択肢

別に新しい話でもなんでもない。
社会全体の話で言ったら、
私が高校生のころ、つまり十数年前から、
やれ終身雇用崩壊だの、やれ失われた10年だの20年だの、
勝ち組だの負け組だの言われていた。
メディアが今まで気づかなかったわけじゃない。

それが、**「教育」という辺りに赤裸々に降りてくるまで、**
時間がかかったと言うだけだ。

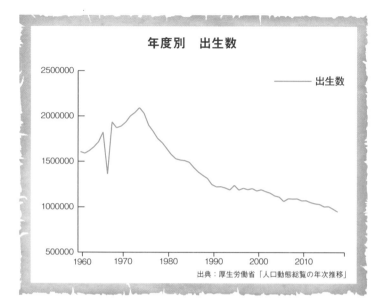

年度別　出生数

出典：厚生労働省「人口動態総覧の年次推移」

けれど、「本音と建前」の「本音」の方の話をするなら、
つまり人を最も正直にさせる消費行動の側面から言うと、
もっともっと前から、
「日本の普通」はインセンティブのはっきりした親たちには、
信用されてなどいなかった。
少子化なのに教育費の総額は上がっている推移を、
改めて見てみよう。

賃金は下がり続け、不景気だのなんだの言われているのに、
趣味で教育費をたくさんつぎ込む人はそうはいない。
**少子化が進んでいるにもかかわらず教育費への家庭投資が増え、
競争で焦燥が募るのは、どこの国でも社会不安の写し鏡だ。**

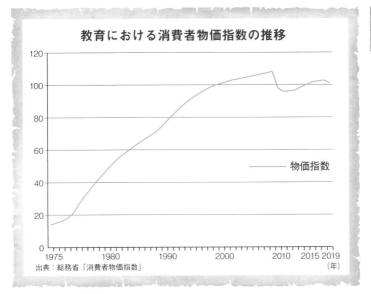

教育における消費者物価指数の推移

凡例: ── 物価指数

(縦軸: 0, 20, 40, 60, 80, 100, 120)
(横軸: 1975, 1980, 1990, 2000, 2010, 2015, 2019 (年))

出典：総務省「消費者物価指数」

日本が「勉強をよく頑張り、点数で競争する文化」
だってこととは、微妙に違う。

税金で賄っている公教育が
子どもの未来を明るくすることを信じられずに
家庭でつぎ込めるだけの教育費軍拡レースを
展開していることの方に問題がある。
ゆとり教育が発表になったときに中学受験が大流行したように。

社会は**教育格差の敗者**に
優しくない。

つまり、
「自分たちが税金を払って維持している公教育に子どもを送れば、
素晴らしい教育者たちがよってたかって
自分の子の能力に応じた教育をし、フェアに扱い、
そして社会で活躍できる人にしてくれるだろう、
良かったね。安心だ」
とは、**教育の選択者・消費者である親たちは**
まったく思ってないってことだ。
むしろ
「受けられる教育の格差で子どもの将来は決まる。
社会は教育格差の敗者に全く優しくないだろう。
そしてその格差の Wrong Side に行かないためには、
今ここで、私が、お金や労力をつぎ込まなきゃいけない。
あわわ、どうしよう」と、思っているのだ。

ゆとり教育が発表された当時の公立不信は、
まだ「逃げ先」が日本の「より偏差値の高い私立校」だった。
今や公立私立関係なく、
一条校（学校教育法第一条に定められた学校の総称）そのものからの
ディアスポラ（国家や民族の居住地を離れて暮らす国民や民族の集団ないし
コミュニティーのこと。ここでは比喩的に使っている）が発生している。
以前は、中学受験 → 一流大学の道が、
傾いた船の中でのより良い席を競争で取りに行く
賢明な選択肢としてあった。
だが、それは今も、賢明な選択肢と言えるのだろうか。
現在の顕著な例で言えば、

日本で財を成した成功者の家庭が、
駐在員や外国ルーツの子ども専用だと思われていた
インターナショナルスクールにすごい勢いで流入している。
駐在員や外国ルーツの子ではない、純ジャパの受験倍率が、
ここ2、3年で2倍程度から4〜5倍に跳ね上がっている。
なぜ、彼らはかつての賢明な選択肢であった中学受験ではなく
このような選択肢をとるのだろうか。
お受験に頭を悩ませている当事者に話を聞いてみたが、
要するに、

選択肢が許す限り、
自分自身と同じ子ども時代を、
自分の愛する子どもには
送らせたくない

のである。
傾いた船の中で熾烈な競争をさせるのではなく、
お金やリソースに物を言わせて
救命ボートに子を乗せはじめているのである。
いわゆる「普通」が傾いているなんて現実は、
他ならぬ選択肢の多い日本人から先に認識して
行動をはじめているあたりで確認できる。
ただ、グッドニュースとしては、
「救命ボートは種類によってはあんまりお金かからない」
という事実だ。

日本の学校文化のヤバさとは

様々な理由で「学校に合わない」お子さんを持つ
親御さんたちの相談を受けることがある。
今の「日本の学校文化」というやつは、
世界基準で見ても日本人基準で見ても
深刻な人権侵害な実践が横行しているので、
日本人家庭の子どもでも、ルーツを複数国持つ子どもでも、
その親も、人として自分の価値観や道徳観を
強く持つ必要があることは
とても大事。
まして、外国にルーツを持つ存在でありながら、
日本の公立学校に通うのは、
たとえ先生や友達に恵まれたほうであっても、
それだけでしんどい。
恵まれてなかったら、それはそれはしんどい。
RPG でいうと、一歩前に進むごとに HP が削られる
「ダメージ床」みたいなものだ。
私は、とてもラッキーなことだが、
心に「レビテト」を掛けてもらうことができた。
学校が合わないなと思ったときに、親などに

「うちは別に日本人とは違うんだから、
君も頑張って適応しなくていいよ。
それより勉強で負けたらどの世界でも負けるから
勉強頑張ろうね」とか言われて、アイデンティティレベルで
「日本の学校も社会も私には関係ないから
適応しなくていいや♫」と気がラクになったものだ。
そのかわり、同じ理屈でみんなが持ってるものを
買ってもらえなかったりしたけど😃。

日本人家庭で学校に合わないお子さん、
外国にもルーツを持つ家庭で学校に合わないお子さんには、
また別のアイデンティティストーリーを構築して、
**「この学校とやらに適応できない自分は、駄目な人間ではない！
それに適応してあげる義務はない。
なぜなら、自分にとって大事な生き方は別の軸にあるからだ！」**
と心からの自信を持たせてあげる必要があります。

そのためには、まずは親が半歩先に海外に出よう！
そして家族はチームだ。
「ただ生まれた場所に適応して生き、
周りにあわせてうまくやる」生き方では本当にムズいので、
「あなたはお父さんとお母さんの子だから、
こっちの価値基準のほうが大事。
何かあったら、戦ってあげるから堂々としていていいよ」と
言える、アイデンティティの源である存在で
いてあげてほしい。

そうすりゃ、「学校でうまくやる自分」は必要なくなるので
自分らしく生きる自信がつくだろう。

ルーツを複数国持つお子さんは、
もう一つのアイデンティティを大事にする機会を創ってあげよう。
地理的に離れているから、良いとこ取りで十分です。
言語や食文化や親族やアニメ、
そして可能なら居場所や友達や祖父母、なんでもいいから、
お子さん本人が「自分のもう一つのルーツはこれなの」と
堂々と語れる何かを持たせれば、
アイデンティティ・クライシスは関係なくなるよ。
「ナニ人かなんて関係無い！
自分は、父と母の血を引くこの船の一員だ！
そして、自分はグローバルに生きるのだァァァ！」と
胸を張れたら、どこに行っても強く生きることができる。

幸いなことに、民族ベースのナショナリズムが
世界においてワンチャンあった時代は終わっている。
私が MIT や米大学を中心とするコミュニティで見てきた世界は
国籍人種宗教の垣根では人を隔てません。
イチ個人が、どんな考えやストーリー、リソースを持ち、
世界においてどんな問題を解決したいのか、
何を成し遂げたいのか、
今の世界は、そこにしか興味がない。

03 「英語教育」という 無理ゲーを どうしたものか

改革が続き、議論も続くけどなかなか要点が定まらない
日本の英語教育がスッと落ちてこない人たちが、
親や教育者には特に多いようだ。
……そりゃスッとは落ちてこないだろう！

残念ながら、今度の入試改革の中心にいたような偉い人でさえも、
そもそも教育改革をする切実な理由が
国力低下危機にあるってことを
まったく意識していなかったんだから。
英語で生きることを想定したこともない、
世界の同年代と勝負したこともない、
組織ヒエラルキーの高いところの人たちが
「これからの若いもんは英語くらいできなきゃいけん！」と
リソースも渡さないのに一方的に言ってくるこの無理ゲー、
全国のいろんな人達が文句を言うのは理解できる。

と、文句を言っても仕方ないので、
召喚獣の仕事として、無理ゲーにはチートで対応しますね。
いつもの、そもそも論の話からしましょうか。

小学生の英語の意義

公教育で小学校からみんなに英語を習わせる意義について。

関東圏のベッドタウンだと、
同じ地域で頑張っている小学校の5〜6年のクラスの中で、
3割以上が英語の習い事をしているという情報があります。
都心ならば、その数字は5割を超えるでしょうかね。
なんなら、23区の下町とかにも、
「グローバルなんちゃら」みたいな幼児用のスクールバスが
行き来しているよ。

しかし、子供の英語教育に「とても満足」あるいは
「まぁ満足」している保護者は全体の3割にも
満たないことを、次のグラフは示している。

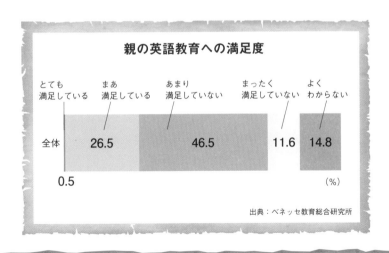

親の英語教育への満足度

とても 満足している	まあ 満足している	あまり 満足していない	まったく 満足していない	よく わからない
全体	26.5	46.5	11.6	14.8

0.5 (%)

出典：ベネッセ教育総合研究所

所得も子供の数も減っているのに、
日本の教育出費総額は増えている、なんて恐ろしい話もあります。

親世代の「英語できない率」が高い社会における英語の習い事は、
当然安いのも高いのも質がいいのも詐欺なのもあるけど、
それでも、**お金をかけてもらえなかった子に
用意されているのは、公立の義務教育**だけだ。

経済的理由で塾に通えない子たちの学習支援をしている
キッズドアさんの情報によると、
家庭の経済格差が子どもの成績格差として
一番露骨に反映される教科は、英語なんだそうだ。
一度も英語で楽しい思いをしたことがない、
あるいは学ぶ意義を家庭で話したことがないお子さんは、
中学からいきなり始まる楽しくない
be 動詞の解説で大挫折を蒙り、
その挫折はそのまんま公立の高校受験に
不利な影響を与える。これは本当に悲しい話だ。
日本の英語教育の全体レベルが低い低いと
いつも文句を言っている身でアレですが、
その中でも格差が存在するのは悲しい。

そんな中で、2020 年からは、
公立小学校でも英語が高学年の 2 年間、
正式教科となることの意味を考えてみる。
本来なら、地域格差や経済格差が

すごく露骨に影響するであろう英語力の
最低保証機能を公教育が担えればいいよね。

本当に最低の最低限の話をすると、
小学校を卒業した全国すべての子供達が、
以下の事実を頭に叩き込んでいれば、要件はクリアされている、
と私は考える。

❶自分たちが生きる世界では、重要なことの大部分が
　英語で回っている。
❷いつでもいいので、英語がペラペラになれれば、
　人生の選択肢がたくさん増えて楽しい。
❸英語ができるようになるためには、
　学校で教わっている以外の学び方をしなきゃ
　いけないかもしれないけど、頑張れば、
　お金をかけなくても大丈夫。

この3つがしっかりと理解できていれば、
子どもたちの生きる上での前提としては最低限 OK だ。
お金のあるなしは相変わらず厳しくても、
情報という意味での格差はなくなるから。

もちろん、理想をいうとそんなもんじゃないけどね！

私の仲間、パートタイム召喚獣として居てくれてる
イデアスクールの瀬戸昌典氏と一緒に計算してみたところ、

子どもひとり頭の義務教育の税金コスト（家庭で出す分ではなく、教員の人件費や学校の施設維持費など）は、
ざっと年間 200 万円弱だそうです。
**これは、奇しくも、インターナショナルスクール
年間ひとり分学費と一致する。**

そんなにかかっているのなら、
インターとは言わないまでも
バイリンガルスクールとして、英語圏の同学年の子どもたちと
同じレベルか、数年遅れくらいの「読む」スキルは
保証してほしいところだよ？
たとえば小学校 5 年生で
アメリカの小学 3 年生向けの本が読めるとかね。
小学校でできなくても、義務教育でできなくても、
せめて高卒までには、個人で発音の良し悪しや
成績上の得意不得意があっても、
「ちょっと頑張れば大学教育を全部英語で受けるのも
やぶさかではない」レベルを保証してほしい。
ニュースもそうだけど、人気書籍とかも、
下手くそな和訳が出るのを 2 年待つとかじゃなく、
リアルタイムに読んで世界の同年代と
ディスカッションできる力を保証してほしい。

そんな欲張りな、と思われるかもしれないけど、ならば、
「公教育がやらなかった分は、自動的に家庭負担＝格差になる」
のだから、「平等」とか「公平」が大好きな

日本の教育者の人たちには、
そういう自覚を持ってた上で

『公教育ではここまでやる。あとはご家庭でご勝手に』という
線を引いてほしい。
そんなレベルの当事者意識が感じられないから、
スッと落ちてこないんじゃないのかな？

数年前、台湾で、バイリンガルスクールの自治体格差が
大問題になったというニュースを見た。
公立、つまり義務教育内で英語をイマージョン式に学べる
小学校や中学校が人気になりすぎて、
学費がゼロ円なのにその周辺の地価や家賃が高騰し、
教育熱心な親たちが本物の不公平を前に政治問題にしたので、
選挙の争点として
「うちの自治体もバイリンガルスクールにします！」と
地方政治家たちがみんな頑張りだしたとかなんとか……。

自治体とか学校には、

 うちの子たちこそは、
国際競争で損はさせないぞ！

という気概を持ってほしいよ。
「他のとこは、悔しかったらうちの真似をしてください」ってさ。

04 日本と韓国の比較でわかる英語力のリアル

身も蓋もない比較をしないとピンとこない人も
いるかもしれないので、思い切ってまとめてみた。

日本の小学生英語の期待値

「純ドメだけど小6までに英検3級取れたらママ嬉しいわあ。
TOEFL? 何それ? 横文字の試験なんてママ、知らないなあ」

韓国の小学生英語の期待値

「純ドメだけど小6までにTOEFLiBT60取れたら、
ママ嬉しいわあ」

日本のカタイおじさん

「日本語できっちり英語を学ばないといけないのでは
ないかい? ぶっちゃけ読む力しかいらないよね?
(自分はそれも使ったことないけど)」

韓国のカタイおじさん

「英語は英語で覚えなきゃ駄目だ!
息子よ、家でも英語で会話するぞ」

日本の海外進学志望者

「こんな英語教育じゃ、出願の高3の冬までに
TOEFL iBT105 に到達できるのは金持ちか天才だよ……」

中国の田舎で10年前に出てた海外進学希望者向けの新聞記事

「高1の冬までに TOEFL iBT 110 までは
みんな自力でとれるよね? それから…」

韓国の海外進学志望者

「そもそも英語だけじゃできて当たり前だから
中国語もある程度やるぞ」

日本のドメ就活生

「TOEIC800 とか取れたら、
履歴書でちょっと勝ち組になれるもんね」

韓国のドメ就活生

「TOEIC は 930、TOEFL は 100 とか取れてないと
そもそも履歴書を見てもらえない 👹」

日本の大手電機メーカー S 社新卒への辞令

「3年間、盛岡の○○電機でテレビを売ってこい。
新卒なんだし月収 22 万な」

韓国の大手電機メーカー S 社新卒への辞令

「海外案件は任せたぞ。

Mキンゼーに取られないように
新卒でも年俸800万出してるんだからがんばれよ」

日本企業から社費派遣でMBAを取得した日本人

「結局英語できなくて逃亡もできなかった。
社内で遊んできただろと冷遇されてるけど
あと5年我慢して転職するかな…40過ぎるけどな…」

韓国企業から社費派遣でMBAを取得した韓国人

「元の会社の文化があんまし好きじゃないことに気づいたから、
日本の海外枠とか香港とかシンガポールも検討しようっと😎」

日本企業で働く日本人ホワイトカラー

「いくら頑張っても何も企画通らないし、
激務だし給料上がらない…」

同じ日本企業だが、海外人材枠で採用された韓国人

「同じような仕事してるけど、
隣の日本人の2、3倍のお給料もらってるよな。
ていうかあの人よくその待遇で働けるよな。
英語できないから足元見られてるのかな?」

……日本人の平均的英語レベルが韓国より高かった時代もある。
韓国にも英語を発音良く喋っただけで
国粋主義者が罵ってきてた時代があった。
しかも、ほんの20年前とか。

国の大きな運命がどうなるかは知らんけど、
個人がそれに付き合わされない力を持つことこそが
本当の「安定」だし、
そもそも国の運命の話をするときに
国民の国際的競争力を下げていいわけがない。

「高学歴を目指したって幸せになれるとは限らない。
不幸になってる人も（運が悪かったり、ヘマした人の中でたまに）いるし」みたいな言葉では、
偏差値主義の日本人親子が動かないことは知っている。
「ほら、こっちのほうが稼げるし選択肢多いしかっこいいよ！」
というキラキラな代案を示さないと、
彼らのマインドでは
「え、まさか偏差値低い大学にわざわざ行くってこと？」と
目が点になるだけだし、
「ヘマさえしなければ幸せになれる可能性もあるじゃん！」
と、今見えている最善策にしがみつくだろう。

だから、ここで挙げた例から、
**「どっちかっていうと日本国内ではトップエリートで
かつ大学受験も就活もうまく行った人」**でも、
隣国などと比べてもこんなに狭い選択肢しか持てない
という事実に気づいてほしいのだ。

もちろん、従来型コースでも、そのどこかで卓越した能力を発揮し
英語やその他の能力を上げまくって、

自力で選択肢を増やした人もたくさんいる。

しかし、それは彼らがトップエリート的にすごいからであって

日本的システムが彼らに用意したコースが

しょぼいことの裏証左でしかない。

彼らはみんな口を揃えて「海外に出るまで、

日本の英語教育に騙されていたことを知らなかった」と言う。

これちなみに、入試改革に反対してた筑駒生たちの未来の姿だよ。

そもそも彼らに海外に出る機会があるのかすら怪しいけど。

そして、もっと身も蓋もないことをいうと、

さっきあげた事例はすべて

「私より年上の、現在35〜40歳前後の人たちの話」なのである。

彼らが生まれたときは日本はまだまだ相対的に豊かだった。

若い頃も、国内の閉塞感は今ほどではなかったし、

格差などという言葉も意識せず大人になり、

日本の企業も組織も、自分たちは安泰だと思っていたときに

就職した人たちなのだ。

 今の18歳以下の子たちが同じコースを
忠実にたどったら、

彼らより惨めにしかならない

のはわかりきっている。

日本的な組織も企業も、
「組織に甘える気満々で安定してると思って入ってくる人間」
なんていらないからだ。

だから私は、大学からの、
あるいは大学院からの国外逃亡を勧めている。

私は、入試改革の顛末には１ミリも興味がない。
今の子供が年々高騰する学費を払って
日本の大学に入学し、
その大学の序列で就職する企業の序列を上げようするのは、
赤字債権を買うために列に並ぶ努力をするのと
変わらないからだ。
赤字債権を買うための列の並び方が平等かどうかなんて、
平等にみんなの選択肢を削ってくる生き方が
いまだにデフォルトとして放置されていることと比べたら
全く問題ではない。

自分自身をグローバル化させることで
開放される選択肢はいくらでもある。
日本の中でお金をもっているほうかそうでないか、
偏差値が高いかどうかは大きな問題ではないのだ。

 本当の格差は情報と行動力と
「どんな人間に影響を受けるか」だから。

学校教育全体が沈みかけた船になっている

それほど裕福でなくても
自由になるための選択肢として誰でもアクセスできる、
既存の一条校のシステムを否定しまくったN高校は、
すごい勢いでシェアを伸ばし、
今や全生徒数2万人に迫る勢いである。

N高校はそもそも自由のために
既存の常識に「NO!」と言えた人間たちの集まりなので、
当然の帰結としてこれからリクルートスーツを着て
自分を納豆に例える若者ではなく（例が古くてごめんね）、
海外進出をする若者を今後3桁規模で輩出する予定だという。

教育の提供者側もまた、
今の教育制度を「沈みかけた船」と称し始めた。
教員の労働形態があまりにブラックかつ理不尽なので、
教職課程にいる教師の卵が「沈みかけた船には乗らない」と
教師の道を辞退しがちになっている。

結果、**全国で教員採用試験の倍率が下がりまくっていて、**
悪循環的に学校教育の質も低下し、
学校教育全体が「沈みかけた船だぞ」ってことらしい。
そりゃそうだ。構成員の質で、教育の質は決まる。

教育者のなり手がいない → 従事者の質低下問題は、
手取りが月 10 万円とか待遇がおかしいレベルに低い
保育士さんの業界でも顕著である。
ちなみに、この事実は、私が息子をアメリカの保育園に
預け直す選択にも繋がっている。

新しい船＝新しい幻想

私、白川寧々はというと、
個人レベルではあらゆる若者に対し、

 とっとと**沈みそうな船**は降りて、
そこらへんの**砂浜に上陸**したまえ

と言い切っている割に、
経産省「未来の教室」企画である HeroMakers などで
「船を立て直そう」と頑張っている政府機関や学校とも組んで
ソリューションを考えている。

しかし、これは矛盾していない。
なぜなら、**新しい船は新しい幻想であり、**

新しい幻想を創り、共有できる人間は、
船を降りて新天地を肌で感じ、
古い幻想を相対化することでしか育たないからだ。

ここを見誤った安易な修繕計画は、
当事者に鼻をつままれて頓挫する。
幻想そのものの存在を軽視し、
いろいろな人間に忖度(そんたく)した挙げ句、
足元をすくわれて頓挫した 2020 年の教育改革の話を
するまでもない。

次は、もっと面白い箱庭ケースである。
アメリカ某所で起きた 30 年前の学制改革の失敗が、
ディアスポラにつながった話をしよう。

沈みゆく船は、選択肢のある順に見捨てられる

教育費高騰＝社会不安、そして格差問題は
学制改革でわちゃわちゃしているアメリカでも問題になっている。
アメリカでは、たとえば今の30歳以上の世代は
「能力に応じた大学に入ることなんか、
難しいこと、悩むことじゃなかった」と口をそろえて言う。

Ivy League や MIT などのブランド大学に入るのには、
当然競争が伴ったけど、**2005年時点ではハーバード大学でさえ
受験者の10パーセントは合格**ができた。
今や、その数字は**3パーセント**だ。
その2005年ごろには、
全国的・全世界的にブランド性のある地方州立大学でさえ、
高校の時点で良い成績が認められたら、
かなり前倒しに「はいあんた合格ね、奨学金も付けるよ」
みたいな制度がたくさんあった。

2019年初頭に、裕福なハリウッド俳優や会社の社長たちが、
十分に恵まれているはずの子女たちの裏口入学を図って、
FBIに検挙されたニュースは、全米・全世界を震撼させた。

「裏口入学なんてひどい」というのは当然として、
多くの子を持つ親が驚いたポイントは
「裕福な人たちでさえそこまでしないと、
希望の大学に入れないなんて……」という点だったと思う。

そんな事件からさかのぼること30年前の話。
アメリカの教育制度は地域ごとの権限がとても大きく、
学校制度や教育方針が学区ごとに異なるので、
ちょっとした改革が社会実験になってしまうことがよくある。

1980年代後半のオハイオ州郊外に位置する学区Aは
教育の質がいいことでで有名だったため、
アッパーミドルクラスの家庭がたくさん居住し、
学校と家庭のコミュニティーも良く機能していた。

アメリカの公立学校では
「地域のみんなで良くしよう」という概念や伝統がある。
通わせている親が積極的にカリキュラムや設備投資、
教師の人事に関する意思決定でリーダーシップを取ったり
寄付したりする（アメリカでは、公立学校に保護者が寄付をする）こと
が奨励され、文字通り地域社会とつながっていた。

親の質で学校の質が決まってしまう現実

雑な例をでっちあげると、
たとえばザッカーバーグ氏の娘が公立小学校に入学した場合、

「おや、この学校では生徒1人1タブレットができていないのか！
先生がITに慣れてなくて困っている？
よし、タブレットを寄付して先生のITコース受講に金を出そう！
そしてFacebook見学ツアーもプレゼントだ！
先生たち、僕と協力して小学校卒業までに
娘も娘の同級生もPython（近年注目されているプログラミング言語）が
余裕でできるようにしてくれよな」

みたいなことをやってのけるのである。
繰り返すけれど、あくまで雑な例でありフィクションね。

つまり、先生の質だけではなく
親の質で学校間の格差が広がってしまう現実が
アメリカにはある。

実際、キラキラに栄えている学区Aに対し、
隣町の学区Bは貧しいシングル家庭が多く、
親のサポートが期待できない学校しかなくて、その分荒れていた。

この事態を憂慮した地元行政の人たちは、
「じゃあ、そういうアクティブな親の恩恵を
全ての学校にパラパラまき散らそう」と乱暴な改革を断行する。

「学区Aに住んでいる子の50パーセントを
来年度から学区Bの学校に振り分けます」という
条例を議会で通してしまったのである。

担当者の考え方は単純だった。

学区 A にいるザッカーバーグみたいな親が学区 B に移れば、

きっと学区 B の学校も栄えるに違いない。

これで、AB 2 つの学区の格差はなくなり、

平等性と公平性が上がり、

自分の行政官としての KPI は満たされた！ わーいわーい。

 ……んなわけないだろう。

そもそも、価格が高騰した学区 A の家を購入した親たちは、

「子どもを格差の Right Side に入れるために

良い学校があるから」購入したのである。

わざわざ片道 40 分のバスにわが子を乗せ、

荒れた隣町の学校に送り込むためではない。

アメリカ人は一般的に

住んでいるコミュニティへの帰属意識が強いので、

みんなの学校を良くしようと頑張ることがあるが、

残念ながら今回の場合、

隣町も自分のコミュニティだから、自分もそのために一肌脱ごう、

という幻想を構築することがまずは必要だった。

ごもっともな話だ。

この幻想を無視した結果、

学区 A からの大規模なディアスポラが発生した。

163

選択肢のある親たちは私立校に逃げたり、
家を売り払ってそんな制度がない他の地区に引っ越したりした。
結果的に学区Aの地価は下がり、学校も荒れてしまったのである。

沈む船を救おうと沈んでいない船の材木を盗んだら、
そりゃ両方沈んでしまうだろう。
「馬を水辺まで引っ張っていっても、水を飲ませることは無理」
を体現したような、残念な社会実験である。

選択肢のある者は「見捨てる」選択をする

改革は難しい。
特に、信頼関係のない人間が関わる場合はなおさらだ
教育という将来にかなり重要な影響を及ぼす制度では、
良かれと思って改革を仕掛けても
選択肢のある者にどんどん捨てられる。

この失敗は、もう一つの教訓も残す。
何か大きく複雑なものを「良くする」のにかかる時間はとても長い。
2014年に始まった「2020年までに英語教育改革するぞ」は、
6年もたっぷりと期間を確保しておいたにもかかわらず、失敗した。

選択肢のある個人にとっては、
沈みゆく船の修繕に付き合うよりも、
とっとと違う船に飛び移るほうが、あるいは、
砂浜にでも上陸したほうが早いのだ。

親、子ども、教師、大学、高校、行政、産業界が
みんな大の仲良しで、
「問題があったら即見事なチームワークで解決しよう！」
「日本全体を元気にするんだもんね！」
「進め一億、火の玉だ！」
みたいな麗しい共同体幻想が機能していたら話は別だが、
各ステークホルダーの相互不信が蔓延する状況から
その幻想を構築するのは時間がかかる。

そもそも、加熱する教育投資は、
親が沈みかけた船を憂慮して、
わが子に「不平等な優位性」を与えるためのものだから、
上から白々しく平等性だけ強調しても
「私たちに水に浸かれというのか!?
じゃあその制度ごとボイコットします」と
選択肢やリソースのある人から順に見捨てるだけなのだ。

2020 年、日本の教育制度は当初の期待から外れ、
あまり変わらないことになった。
変わっていくのは、社会のほうだ。
保守派が既存の老害英語をどんなに擁護し、
テストを平等に公平に 1 点刻みにキープすることに成功しても、
お金やリソースのある順に
さらなる不平等なアドバンテージを求めて、
自由意志のある個人が流出するのは止められない。

その結果として、
モノゴトがよく見えている大人に影響された若者と、
何も分からずに古い制度に従わされてきた若者の間で
格差が発生するのも止められない。

教育の保守派の人々は、
特定の政策の邪魔をすることができる。
しかし、
日本の景気に神風を吹かせ、
何も考えずについてきた子どもたちが
何も考えずに大人になった先の未来まで
保証することはできないのだ。

普通に見えている砂浜に上陸しよう

07

さて、そろそろここで、沈みかけた船の中で
ちょっとでも座り心地のいい位置を、
他者を蹴落としながら狙いに行くのではなく、
普通に見えている砂浜に上陸しようよ！ という話をしようか。
飛び込むまでの勇気が大変なだけで、
降り立ったら本当にただの砂浜だから！

以前、登壇させてもらった
N 高校の NED Talk でも散々言ったことだが、

 私は今のティーン世代が
うらやましくないようで、
実は少しうらやましい。

一部の学生は傷つきながらだとは承知しているが、
N 高校への進学を果たしたような、
いろいろ振り切って前を見ている
10 代の若者には実に高いポテンシャルがあると思う。

なぜなら、彼らは、
自分が乗っている船が「沈みかけている」と認識した上で、
勇気を出して NO! と言えたわけだから。

沈没船では、お金のあるなしにかかわらず、
先に逃げる算段を付けた者のほうが腹もくくれるし、
愛する者も救えるし、計算しつつ金品も持って出られるからね。

そして、賃金はダダ下がりではあるけれど、
幸いなことに、
大学の学費に子ども一人当たり年間 100 万円〜 300 万円も
出せるこの世代の親はまだ、数十万世帯、存在する。

「1 年で生活費も含めて 300 万円とか出してくれる親、
日本にはゴロゴロいるよ。
でもアメリカの大学に留学したい場合、
年 700 万円くらいの金額がかかるから無理な場合が多くて、
海外進学を断念するんだ……」
と言った私に、欧州の 17 大学で教えている青年は、

Oh my god！
そしたら、
ヨーロッパ内なら
どこの大学でも行けるよ！
日本人うらやま。

と感動して、**ハンガリーのCSプログラム**(コンピューターやネットワークの原理およびシステム科学技術を修得し、その多面的な応用能力を養成する、教育プログラム)を勧めてくれた。
それだけの学費を積んだのに、
不安定な終身雇用制度にしがみつく前提で
新卒で手取り20万とかあり得ない、とも。

まだまだ、日本は前世代の繁栄のおかげで
世界基準では豊かだと言えないこともないのだ。
子どもの大学進学のために学費を出したのに、
その子はブラック企業勤務 → そのまた次の世代の教育費がない！
みたいな事態になる前に、

 ## 国外逃亡するなら今！

なのである。

Stage 2でも書いたけど、ハンガリーの名門 ELTE 大学のように、
学費免除でお釣りが来るプログラムすら存在するので、
「そんなに出せないよ」という君も
十分チャンスはあるから大丈夫よ。
本章の最後に、
自信を持っておすすめする欧州の大学学部 BEST 5 を紹介する。
すぐにグローバル賃金につながる CS で有名で、
英語で学べる大学だ。

エトヴェシュ・ ロラーンド大学 Eötvös Loránd Tudományegyetem （略称 ELTE）	●国：ハンガリー ●学生数：約2万8千人 ●おすすめポイント：CSで全世界からかなり高評価を受け、アメリカの有名大学との留学プログラムもあり。 　また、CSの卒業生はEU圏だけでなく日本やシリコンバレーでも引っ張りだこです。 物価は日本の半分。肉もワインも美味。校風はWork hard, Play hard。CSを学ぶなら生活費もくれるような奨学金プログラムが存在する。
ソルボンヌ大学 Sorbonne University	●国：フランス ●学生数：約4万人 ●おすすめポイント：世界的に有名なだけでなく、CSも結構高評価だ。そして、何よりパリだよ！パリ！さすがに家賃はちょっと高いらしいが、学費は日本の公立並に安い。 日本から入学する場合、編入の方がスムーズなため、すでに大学生になっている人にもおすすめだ。そして、いろいろ奨学金プログラムもあるので、あとはご自分でググってください。
アールト大学 Aalto University	●国：フィンランド ●学生数：約1万9千人 ●おすすめポイント：アールト大学はフィンランドで最高峰の大学で、何を学んでも楽しいと思う。今みんなが気になっている教育の分野も面白いと思うが、CSも全EU圏で第三位と高い評価を得ている。 物価が高そうと思われるかもしれないが、学生寮＋食堂の安いオプションがある上に、学費は日本の私立と同じくらいだ。ただ、先に言っておくと寒さがかなり厳しいらしい。 日本で最近大流行のサウナは、国民のアイデンティティーのような大事な文化で、すべての建物にサウナが付いているとか。

ベルリン工科大学 Technische Universität Berlin (略称 TU Berlin)	●国：ドイツ ●学生数：約2万9千人 ●おすすめポイント：CS でも有名だし、教育もがっつり。がっつりすぎて卒業するためにこのリストでは一番ハードに勉強しなければならないという噂がある。
アイントホーフェン工科大学 Technische Universiteit Eindhoven (略称 TU/e)	●国：オランダ ●学生数：約8千800人 ●おすすめポイント：オランダも、北欧と並んで面白い教育で有名なので、有名な CS プログラム以外でも探索してみたら良いと思う。そして、なんと言っても北欧と違って温暖湿潤気候だ。

正直、こんな情報はググればいいだけなんだけど、これを見た後なら Comfort Zone を抜け出して、ググり力が上がるかな？

Q. 20歳の女子大生です！交換留学からの編入などを検討しているのですが、国外逃亡塾でおすすめしているIT分野だけではなく、私のようにデザインを学びたい場合のおすすめな国や大学はありますか？ちなみに予算は少ないです。

A. 仕方ないな。ググり方を教えよう。あと、IT分野の知識とスキルはどの業界に行っても必須だからちゃんとやろうね。

はい、まず、Google のサーチバーに QS Top Universities Ranking Design とぶちこみます。

ランキングが出てきます。

次に、ヨーロッパとかアメリカとか地域指定することも出来ます。アメリカは絶対死ぬほど学費が高いので除外するとした場合、ほら、ヨーロッパだけのリストも出てくるよ。（もちろんアジアとかも試してみな）。

英国の学校が目立つけど、英国もたいがい高いので日本の私大レベルの学費で勘弁してくれそう＆英語で教えてくれそうな Finland の Aalto University とかオランダの Design Academy Eindhoven に目をつけてみよう。

とりあえずクリックして、学校のウェブサイトみて、自分の好みにあうか、学費はいくらか、入試で必要なのはなにか、卒業生はちゃんと仕事あるのか、ググり倒そう。こういうランキングは高いからいいってもんじゃないんだが、「こんな学校あったんだーへー。」という情報を一気に仕入れるのに向いている。

他の分野も同じだぞ！ランキングサイトはここ一社じゃないし、必要な情報が全部載っているわけじゃないんだが、スタート地点としては便利だから利用し倒すべし。

Stage

6

やりたいことを探す、
英語と
Google の使い方

はなす　じゅもん
さがす　そうび

大抵の日本人は欧州の大学に進学できるよ

さて、最終章の前半では、
口うるさい召喚獣のいつものぼやきではなく、
趣向を変えて、ゲストに登場していただこう。

私の突然の欧州推しの元凶・ネタ元であり、
強力な提携先であり、
召喚獣仲間でもある欧州をまたぐ
シリアル起業家・バラージュ氏（27）だ。
対談形式で、欧州進学のリアルとか、
マインドセットとか、肌感覚とか、キャリアの空気感とかを
お届けできればいいと思う。

（ちなみに、バラージュは当然、日本語がしゃべれないので
収録している話し方は寧々の独断的解釈です。）

起業家：バラージュ氏（27）

ハンガリーの最高峰 ELTE 大学、
及びフィンランド名門の Aalto 大学で Computer Science の学位を持つ。
現在、欧州の主要 17 大学でコンピューターサイエンス
及びイノベーションのプログラムを提供している。

寧々　では、バラージュ氏を紹介しよう！
　　　彼との出会いがなければ、私は自信を持って
　　　「今、日本の若者が、
　　　よく分からない入試改革をかいくぐって、
　　　高騰していく学費を払って、日本国内の大学に進学して
　　　日本国内のやたら搾取してくる職場でしか
　　　働けない人材になっていく利点はほとんどない」とか
　　　「どんなに今の所、経済的に恵まれていない若者でも、
　　　大学に行くつもりの学力があったなら
　　　挑戦するチャンスがある」とか、
　　　言い切ることはとてもできなかったからだ！
　　　本当にありがとう。ぱちぱちぱちぱち 🙂 。

パラ　ありがとう！バラージュでぇす！
　　　あのですね、日本の若者は全然恵まれているから。
　　　コンピューターサイエンスで一番大事な数学も
　　　国際比較でいえば日本人はみんなできるし、
　　　僕の感覚からすると、
　　　日本の物価は決して安くないから、
　　　日本で大学に行けるなら、
　　　経済的には欧州の大抵の大学に行けるんじゃないかな。

寧々　高額な学費を払って、日本で一番良い大学を卒業して、
　　　有名企業に就職しても、なんだか扱いはひどいし、
　　　初任給は月 20 万円とかなんだぜ。

[バラ] ああ分かる！
ELTE 大学のコンピューターサイエンス専攻を
卒業した僕の友人も
「修士号とか持ってないし、
日本の有名企業で外国人枠で働いているけど、
お給料がその企業で働いている日本人の2、3倍くらい」
だと言っていたな。

[寧々] そう、それがグローバル賃金ってやつだよね。
まあ、そんな訳なので、みんな将来に希望が持てず、
最近はこんな統計も出ているわけだ。

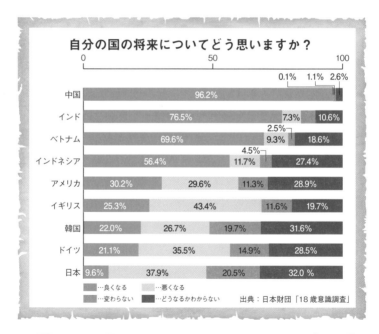

自分の国の将来についてどう思いますか？

	良くなる	悪くなる	変わらない	どうなるかわからない
中国	96.2%		0.1%	1.1%	2.6%
インド	76.5%		7.3%	10.6%
ベトナム	69.6%	2.5%	9.3%	18.6%
インドネシア	56.4%	4.5%	11.7%	27.4%
アメリカ	30.2%	29.6%	11.3%	28.9%
イギリス	25.3%	43.4%	11.6%	19.7%
韓国	22.0%	26.7%	19.7%	31.6%
ドイツ	21.1%	35.5%	14.9%	28.5%
日本	9.6%	37.9%	20.5%	32.0 %

■…良くなる　■…悪くなる
■…変わらない　■…どうなるかわからない　出典：日本財団「18歳意識調査」

バラ 僕の母国のハンガリーは日本ほど豊かではないし、
他のヨーロッパ諸国も、
しょーもない問題を抱えていない国なんてない。
腐敗とか政治家がダメだとか。そんなの当然だろう。
生まれた国の状態がちょっと不利だからって、
自分の人生の選択やマインドセットまで
制限されるなんてやってられないからこそ、
努力してスキルを磨いて選択肢を増やすんじゃないの？
ハンガリーのド田舎出身の僕から見ると、
日本の若い子は、基礎教育の質とか、お金とか、
恵まれた部分がいっぱいあるの。

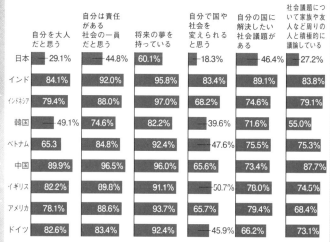

自分自身のことをどう思っているか？

	自分を大人だと思う	自分は責任がある社会の一員だと思う	将来の夢を持っている	自分で国や社会を変えられると思う	自分の国に解決したい社会議題がある	社会議題について家族や友人など周りの人と積極的に議論している
日本	29.1%	44.8%	60.1%	18.3%	46.4%	27.2%
インド	84.1%	92.0%	95.8%	83.4%	89.1%	83.8%
インドネシア	79.4%	88.0%	97.0%	68.2%	74.6%	79.1%
韓国	49.1%	74.6%	82.2%	39.6%	71.6%	55.0%
ベトナム	65.3	84.8%	92.4%	47.6%	75.5%	75.3%
中国	89.9%	96.5%	96.0%	65.6%	73.4%	87.7%
イギリス	82.2%	89.8%	91.1%	50.7%	78.0%	74.5%
アメリカ	78.1%	88.6%	93.7%	65.7%	79.4%	68.4%
ドイツ	82.6%	83.4%	92.4%	45.9%	66.2%	73.1%

出典：日本財団「18 歳意識調査」

177

寧々 とても幸いなことに、最近わかったのは、
日本の若い子が希望が持てなかったり、
その親たちが「とりあえず国内の少しでもいい大学を」
と、どう考えても不利な進路に焦っているのは、
「違う道もあるよ。たとえば国外逃亡とか」という
「知識」が今までなかったことだけが理由だったこと。

英語の情報しかないのもあるが、それだけじゃない。
情報はそこら辺に落ちているけど、
「これは自分に関係ある情報だ」とつなげて考えるには
「情報と情報の連携である知識」が必要だったんだな。

これは、「人は自分の Comfort zone の外にある情報を
ググれない」という話によく似ている。
なるべく苦しくない方法で Comfort zone を抜け出して
しまえば、「あ、なんだ、自分も海外進学を検討しよう
かな。やらない理由がないし」と人はあっさり変わるから。

パラ そこで召喚獣の出番ってわけだな！
このゲームと絡めて明るく語るノリ、僕は好きだよ。
実は僕の国でもあんまり良い英語の先生とかいなくて、
英語はオンラインゲームで覚えたんだ。
スラングばかり覚えたから、
英語の授業では怒られたけどね 😁

178

寧々　特に、この本を読んでくれている人たちには、
日本の教育を変えたいと思っている
大人や学生も多いから、
そういう人たちには北欧とかオランダをおすすめして
いるよ。
Computer Science 以外にも、バラージュがおすすめす
る学校や学部ってある？

パラ　僕に聞くより、自分でググりなよ。
とにかく一つ言えるのは、
EU 圏というのは、18 歳以上の英語が話せる人間に
オファーできる教育機会が死ぬほどある！ ってことだ。

ほら、ググり方教えてあげるから。
まず、ブラウザーを開きます。
Studyineurope.eu と打ち込みます。
サーチバーに学びたいこととかを打ち込みます。
たとえば、「Education」ね。

で、下の Filter ってとこに「Finland」と入れれば、
コース名、指導言語、EU 圏、非 EU 圏民、それぞれの
学費、国、とかが出てくるだろ。

寧々　お、でも具体的な大学名とかは出てこないのね。
見るには有料だわさ、これ。

パラ でも、絶望するのはまだ早い。
「こんな学校もあるのねー」と閲覧してワクワクするのが
目的なら、なにもお金を払うことはないさ。
たとえばこのリストの一番上にある Education and Globalization というコースをオファーしているフィンランドの大学が、全部で 30 個もあるわけないだろ？

寧々 あ

パラ はい、**そこで Google 先生の出番です。**
「Education and Globalization Finland」っと。
はい、Oulu 大学のマスターコースが出てきたね。
ウェブサイトもわかりやすく全部英語で書いてあるし、あとは自分の好みで進学を検討すりゃいいだけだろ。

寧々 ほおおおお。こんな感じで、いろいろな国、いろいろな学部、いろいろな学び方を調べまくって、見当つけりゃ Comfort zone は嫌でも抜け出せるわな。というか、思うんだがバラージュって Strech zone（適度に負荷がかかる環境・領域）広くない？

パラ **EU 圏で生きていると、**
「ちょっと隣の異国」とかが当たり前になるからかな？

寧々 初めて日本に来たときも、全く案内不要で地下鉄とか乗りこなして、

指定のお店に到着してたし。迎えとかいらなかったし。

[バラ]　え？ 普通に Google 使えば楽勝だろ、あんなん。

[寧々]　う、負けた（←結構な方向音痴で、福岡とかでも迷う人）……。
あと、**サマースクールとかのおすすめはある？**

[バラ]　だーかーらー、
https://www.summerschoolsineurope.eu/
とかいうのもあるから。
ググっていったら？　楽しくなるぜ。

[寧々]　や、安い…… 😳
EU 圏って、物価は安くないのに、
教育目的だとすぐ政府から補助金が付きまくってて、
本当に若者や教育にお金をじゃんじゃんかけるのね。
私が経験してきた日米中ではちょっとない感覚だわ。

EU 出身じゃない人でも、
「18 歳以上の英語がそこそこいける若者」に
与えているチャンスが半端ない！

英語と
Google で
世界を知ろう

寧々 そうだ。私のコラム読者の皆様から来た質問があったわ。

バラ お、ピンポイントに答えていくんだな。
ガチトークショーみたい。

寧々 では、最初の質問です。
海外を目指す日本人の高校生が、
日本にいるうちにできることを教えてください。
たとえば、こんなメディアをチェックしておいたほう
がいいとか、体験しておいたほうがいいとか。

良いね。これはググれって言えないやつだ。

バラ 僕は日本で育つのがどういうことなのか
想像できないので、僕の体験を話すね。
一つは自分のパッション、
つまり本当に好きでしょうがないことを見つけること。
もう一つは
世界が広がるような人との付き合い方をすることだ。

僕は決して恵まれた出身というわけではない。
ハンガリーのど田舎出身で、父親は建築現場で働いてた。
高校も、大学進学者は学年で50パーセントくらいだった。
でも自分にはもっと可能性があると思って、
ガチで努力したり、世界が広がったりした。

きっかけは、少しばかりの才能が認められて、
オリンピックに出るようなバレーボール選手を
目指したことだ。
幸い、コーチが「学業をおろそかにしていたら試合に
は出さない」方針だったから、成績も悪くなくて、
けがでアスリートの道を断念したときも、
「大学でコンピューターサイエンスを学ぼう！ ゲーム好
きだし！」とすぐ転換できた。

そのとき、自分はコンピューターサイエンスが大好きで、
新しいサービスを創ることにワクワクすると気づいて、
スタートアップの世界に入り、最初の会社を立ち上げた。
その後、フィンランドの大学院に行って、
教育に対する姿勢の圧倒的な差や社会制度の違いが
面白くて、世界が何倍にも広がった。
それがきっかけで、今スタートアップコーチの
会社に力を入れたりしているんだ。

僕は、生まれた場所が恵まれているとは思えなかったから、
何らかの方法で広い世界に出ること自体に

迷いはなかった。
けど、やるとしたら好きなことでやりたかった。
自分は何が好きか、何に向いているか、
ちょっと試してみなきゃわからないから、
世界を広げるのは大前提だ。
高校時代の自分は決して、
今の自分の職業なんて想像もついてなかったからね。

あと、人には注意しよう。
大学でも、起業したときも、
「親と同じように生まれた場所で働いて死ぬ人生」を
押し付けるアドバイスをしてくる大人がいた。
だけど僕は、**そんな意見は無視して、**
自分のパッションを応援して助言してくれる人の話だけを
聞いた。だからこそ、僕の今があると思っている。

寧々 古い時代の成功体験を引きずった大人の
キャリアアドバイスを信じるな、
自分の好きなことを探せ！って、
歴史家ハラリ(イスラエルの歴史学者)のアドバイス通りじゃん。

現代って人類史上、最も「見ている世界の広さや正確さ」が
年功序列じゃない時代だと私は思う。
「自分の時代はこうだったから、おまえもこうしろ」
以上のクソバイス（助言と見せかけて持論を押しつけること。エッ
セイストの犬山紙子氏が命名）はない上に、

子どもでもその間違いをわりと的確に指摘するくらい
の情報アクセスがあるんだよね。
私からのアドバイスを足すと、
日本の高校生でもみんなスマホを持っているんだから、
「好きなこと探し、やりたいこと探し」は
「英語と Google」を使いましょう。

メイクが好きだろうが、タピオカが好きだろうが、
日本の教育問題にムカついてようが、
「じゃあ英語の世界ではこれについてどんな議論がされ
ているのかな」と英語でググってみて、
世界を広げてみよう。

大学に行くための情報だけではなく、
その大学に行ったら何ができるかの情報を追いかけるとか。
行きたい国で流行っているバンドは何かとか。
何でもいいよ。

とにかく英語を情報収集ツールとして使うハードルを
激低いところまでに下げよう。
話はそこからだ。
それができるだけでも、Comfort zone は抜け出せるんだよ。

具体的な話をするなら、
国外逃亡を目指す仲間は大事かな。
スタートアップも一人では絶対できないと言われている

が、

個人プレイと言われる受験だって、戦友みたいな仲間がいたほうが良い。

自分のことを英語で語る！ みたいな練習だって、

仲間がいたほうがいいだろうし。

パラ 仲間といえば、

寧々がやってた「高校生向けのMITに行くサマースクール」をきっかけに、国外の大学を一緒に目指している子たちもいたな。

あと世界を広げるには、とりあえず行動しようぜ！

陸続きの欧州と違って、日本は島国だからイメージが湧きません！ とか言われたんだが、

羽田や成田からいろいろな国へ直行便がたくさん飛んでるので、安いサマースクールでもいいから行ってみよう。

個人的には親や教師の人たちが率先して
行ってみるべきだと思う。

フィンランドの教育ってみんな興味あるだろ？

それをおまとめしたサマースクールもあったぜ！

1カ月900ユーロ（日本円で約10万9千円。2019年12月現在）だったぜ。

寧々 わあ。そういうの調べ始めると、
私も行ってみたくなるな。一緒に行きたい人募集！

バラ とっとと来てくれよ（笑）。

寧々 では、次の質問。
出願についてのアドバイスと、
出願時期について教えてください。
お、これは一般論ならググればいい話だが、
せっかくなのでハンガリーの奨学金の話をしようよ。

バラ そうだな。
フィンランドとかは大学のウェブに
100 パーセント書いてあるから読めばいい。
一般的には出願は冬だが、
例のハンガリーでコンピューターサイエンスを学べば
学費がマイナスになる件は選考が必要なので、
9 月くらいには出願できるようにしておこう。
つまり、それまでに英語で自分のことを語ったり
数学の話ができたり、
学校の成績なり模試の成績なりが
出そろっていたりする状態に持ち込むのが
大まかなデッドラインだな。

寧々 アメリカの大学も、
各種奨学金を気にする時期は 9 月くらいなので、

だいたいそんなもんだよな。

では、最後に一言！

`パラ` HeroMakers に登壇したとき、
日本の先生や高校生は困難を強いられながらも
パッションがあふれていて、
すごいポテンシャルを感じたよ。

そのユニークな問題意識やパッションが
多様性として世界に発信されれば
新たなイノベーションを生む。

僕はそれが楽しみだ。
次はユーロ圏でみんなに会いたいな！

サマーキャンプは大人にもおすすめ

「小中学生の子どもたちに、
おすすめのサマースクールはありますか？」
と聞かれることがある。
これらもググれば出てくるのだが、
ググり方がわからない人が多いのだろう。

そのようなときは、とりあえず
Summer Camp in the US, Summer Camp in Europe, Teen
と検索してみよう。
地域縛りがあるならその地域に、
別にどこでもいいなら好奇心まかせで。
予算とお子さんと教育方針で相談しよう。

次のページからは、私がググって出てきたサイトの
いくつかを紹介しよう。

サマーキャンプのまとめサイト

https://www.summercamps.com/

https://www.activityhero.com/

> 親も同行できるサマーキャンプ

海外親和性や英語がこれから！ な人は、
子どもたちばかり送り出してないで
自分たちも学ぶ前提で行かないとお金の出し損になるので、
自分にとって楽しいサマースクールをまず探してみなよ。
英語ができたりできなかったりするけど、
小さいうちに身近に日本の外を感じてもらうために、
友達を作るために、またとにかく世界を広げたりするために、
小中学生のうちから全く違う環境を楽しく体験し、
将来、日本以外の進路を選ぶハードルを下げたい――
という意味で、1週間とか2週間とか親も一緒に
「ちょっと行ってみて、世界を広げる」体験は貴重である。

https://www.summerschoolsineurope.eu/search

SUMMER SCHOOLS IN EUROPE .EU

Home　Search courses　Winter courses　Top destinations　Starting soon　About us

Search courses

This is the perfect starting point to explore Europe, a continent of great diversity of place, culture and identity.
Select some of the criteria that makes a summer school the perfect fit for you. We've selected some of the top destinations to give an impression of what summer schools have to offer.

他国の国籍を持つ場合

もともとの他国の国籍も持ってる場合、

スカラシップなども適応対象になることがある。

そこもググり甲斐があるよね。

こういうのでアメリカ国籍を持つ場合、

13歳以下でもいろんなスカラシップあったよ。

https://www.finaid.org/scholarships/age13.phtml

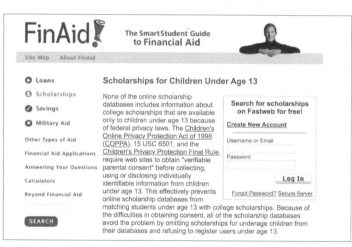

よいサマーキャンプの選び方

サマーキャンプはぜひおすすめしたいのだけれど、
手放しで、というわけでもない。
あるのだよ、困ったことが。

小中学生用の英語で行けるなにか、というのは、
サマーキャンプ、サマースクール、ホームスティ、
短期留学、語学学校……、
世界に星の数ほどありすぎるのだ。

たぶん、**ググっても色々出てきすぎて**
「ぶっちゃけどれがいいの…」と困りまくるだろう。
値段もピンキリだし、運営会社もピンとこないだろうし。
初心者にはハードルの高いググり経験だと予想される。

アメリカの場合、夏休みが5月末から8月までと
親にとって殺人的に長いので、「もう顔見たくない」レベルに
1〜2ヶ月放り込めるキャンプもあれば、
とりあえず飽きないように家から通えるキャンプもある。

大学のサマースクールは選抜などがないものもあるので
意識の高い子供はそういうのに行くこともある。
オックスフォードとかバークレーとか、
有名大学の名を冠して有名大学の寮には住めるけど、
特に有名大学の中身とは関係ないやつもたくさんある。

クオリティも値段には決して比例しない。

あと、海外経験や世界を広げる経験はバッチリできるけど
実は場所は国内だよ！ みたいなプログラムも存在する。

http://www.skylabo.org/home-jp

じゃあどうすればいいのか？ ——なんて言うまでもなく、

予算と
お子さんとご自分の
気持ち・願い・価値観
と対話することが重要だ

そして、
選ぶときは本当に子供にかまってくれる「人」を見よう。
「なんとか大学だ！すごい！」と
高額な費用を払ってみたものの、中身は量産型で
微妙な運営会社が大学の名前だけ借りてやってた、
なんてことも多いから。

私に言わせれば、
これはぶっちゃけ、今のあなたの海外親和性も関係してくる。
お子さんが二重国籍を持っているとか
ネイティブスピーカーであるとかの人もいれば、
「親子揃って英語も海外もこれからだ！」という人もいる。
もちろん、私がその全員に対して
「このサマースクールが最高なので行こう」と言える
最強サマースクールなんて存在しない。

また、小中学生のトリッキーな部分は、高校生と違って、
「選ばれた子にはお金あげて招待します」系の機会が少ない。
費用の多寡はあるにしても、
多少の費用はどうしてもかかってしまう。
ただ、外国は 14 歳などから High School とみなすシステム
もあるため、現在日本の「中学」に在籍してても、
14 〜 15 歳なら実は OK というプログラムがあったりする。
諦める必要はない。

「英語で学ぶ者」に なるための 簡易マニュアル

TOEFL は、正式名称を Test of English as a Foreign Language という。つまり、次のような問いかけをしてくる試験だ。

「英語が第一言語じゃない君を、うちの学校にいれたところで、ちゃんと『英語で学ぶ者』としてこのコミュニティで活躍する力があるのかね？」「英語で高等教育機関レベルの授業を理解し、リーディングをちゃんとできて、レポートも書けて、授業の発言でも貢献できるのかね？」

中国や韓国では、この試験の点数を取らせるために隆盛したビリオンダラービジネスもたくさんある。よくまとまってる教科書とか、攻略本みたいなやつ。でも、TOEFL を力技でほぼ満点叩き出してから自信満々で乗り込んだアメリカ生活にちょこっと苦労し、それを克服したあとに MBA とかで予備校に散々時間やカネを落として点数はナントカ釣り上げたけど、まともな英語は身につかずに微妙な留学生活を送る、優秀な日本の企業戦士たちの姿を見て、寧々はこう思う。

「あなたの英語で学ぶ力を問われてるんだから、最初から素直

に『英語で学ぶ者』になればいいじゃん。そもそもあなたの目的は、国外のテリトリーを手に入れて自由に生きる力を得ることであって、自分の慣れ親しんだ勉強法でとりあえずの点数を出すことじゃないんだから」

今、読者が高校生で、これからするのが大学への学部進学なら、微妙な英語力で渡航しても、優しくしてくれる友達や先生、事務の人とかにすがりまくれば、この先の4年でなんとかなることも多い。けど、成人の留学で、2年しかない大学院とかに行く上にまわりに日本人も多い、みたいなシチュエーションなら、渡航前に英語をなんとかしないと、ぶっちゃけ国外逃亡の意味がなくなるレベルだ。もちろん、逃亡モチベが高い人、優秀な人は、その能力や力技で色々ねじ伏せることが可能だが、それでも回り道は時間の無駄なので、本質的な勉強をしようって話。この本では英語の勉強についてはあまり語らなかったが、オマケとして「英語で学ぶ者」になる方法を超具体的に紹介しよう。私のワークショップやオンラインサロンでも使っている方法だ。**動画を見ながら、ここで紹介するワークシートを埋める**ことで、英語圏で生きていくための知識を獲得しつつ、「英語で学ぶ」「自分の英語で語る」スキルが獲得できる。そのためだけにやることではないが、TOEFLやIELTSの対策にも有効だ。

①英語字幕付きのビデオを観る

見るビデオ、テーマは自分の好みで選んでよい。私のおすすめは、本書を含むいろいろなところで語った通り。ここでは、MIT+K12シリーズの名作ビデオ、WORLD WITHOUT

FRICTION を使います。

摩擦のない世界

https://www.youtube.com/watch?v=VUfqjSeeZng

このビデオは、内容ももちろんだけど、たった4分ちょいなので、繰り返し観るにもおすすめだ。

②観ながら、内容を LOGIC TREE 式にメモ

ビデオは、当たり前だけど、ただ観るだけじゃない。**その内容を、LOGIC TREE 式にメモしてほしい。**使うワークシートは右ページのとおり。1回目からいきなり完璧に書くのは難しいので、**何度も繰り返して OK**。ただ、小刻みに止めずに、観ながら、聴きながら書くと、臨場感出るし、スピードも鍛えられるの。もちろん、ここに書いた内容は、あくまで一例。自分にとって MAKE SENSE な方法で整理できれば、すごくスッキリするよ。別に ARGUMENT が3つじゃなくて、2つとか4つになってもいいし、CONCLUSION が存在しないコンテンツもある。TOEFL や IELTS で出てくる内容は、普通、こういうビデオよりもロジカルにまとまってるので、メモしやすい。

③新しい単語、曖昧な単語を洗い出してググる

201ページがワークシートの続きなのだが、この上の方にある VOCABULARY の欄に、新しい単語、曖昧な単語を洗い出そう。洗い出したら、検索しつつ、その意味を英語で書いていく。ググれば、辞書的な意味はすぐに出てくるし、辞書的な意味じゃない意味も出てくる。たとえば、知らないけど思わせぶりな単語が、実は「有名なバンドの名前でした！」とかも、知ってお

SUMMARY LOGIC TREE

MAIN POINT

What would a world without friction look like ?

ARGUMENT 1

Frictions slow things down and waste energy.

ARGUMENT 2

Kinetic Friction slow things down that slides across the surface

ARGUMENT 3

Static Friction stops things from slipping or sliding

DETAIL 1-1

Cars will not need fuel to run

DETAIL 2-1

Without the kinetic friction, he book on the table will hit Sebastian across the table

DETAIL 3-1

Without the static friction, the ladder will not stay

DETAIL 1-2

Cars will not need oil for the engine parts

DETAIL 2-2

Violin will not play if there is no kinetic friction. Fire will not start either.

DETAIL 3-2

You cannot walk. You would slip!

CONCLUSION / TAKEWAY

Finally, riding a scooter will require BOTH kinetic friction AND static friction.The frictions actually help people with daily lives.

いて損はない。寧々のように、知らなくて損ばかりする人にならないでね。単語の意味は、なるべく英語で理解しとこう。どうしてもわからなかったら、日本語でチートしてもいいけど。そのほうが早いこともあるからね。TOEFL や IELTS は専門知識を問う試験じゃないけど、ここではすべてが「試験に出る」つもりで、専門用語も頭にいれよう。これから先、英語圏で生きていくつもりなら、**知る必要のない知識なんて、ほとんどない**からね。

---

④学んだことを「自分の言葉」にする

ワークシートにある HEY I LEARNED SOMETHING NEW TODAY! というセクションは、学んだことを人に英語で説明できてこそ「英語で学ぶ者」だよね！ という、マッチョに見えるけど当たり前すぎるルールをもとに、ビデオで学んだことを、TOEFL でも大学でも出題される5パラグラフエッセイにしてみろっ！ という課題。想像の通り、素で「やれ」って言われたらきついです。でも、英語を母語とする人でも、できるとは限らないので安心してよい。

マジな話、私が DUKE に入学した直後に「ドキュメンタリーを観て授業で習った内容と絡めて5パラグラフで2ページほど書いてこい」という課題が出たのね。私は、その番組の南部訛りが強すぎることに苦戦したのだが、本物のアメリカ人たちも、5パラグラフエッセイを書き慣れてなくて苦しんでいた。だから、結果的には、私の成績は悪くなかった。）たしかにキツいんだけど、大丈夫。超簡単にチートできるやり方があるか

VOCABULARY

WRITE DOWN ALL THE WORDS YOU LEARNED IN THIS VIDEO.ALSO INCLUDE ONES YOU ARE NOT SURE OF.

HEY I LEARNED SOMETHING NEW TODAY!

INTRODUCTION

MAIN POINT＋ARGUMENT1,2,AND3

BODY 1

ARGUMENT1＋DETAIL1-1＋DETAIL1-2

BODY 2

ARGUMENT2＋DETAIL2-1＋DETAIL2-2

BODY 3

ARGUMENT3＋DETAIL3-1＋DETAIL3-2

CONCLUSION

MAIN POINT＋ARGUMENT1,2,AND 3＋CONCLUSION AND TAKEAWAYS OF YOU

ら！ それは……

書かなきゃいけない内容は、さっきメモ取ったやん？

それを、左から右に「自分の英語で流すだけ」。ハイ終わり。

ちょっと待てぇ！

自分の英語ってなんのこっちゃぁああ⁉

って思う人もいるかもしれないけど、そのまんまの意味だよ。日本語使いのあなたがたは、これまで読んだり聞いたりした日本語表現の中から、自分でしっくり来るやつを選んで、自分で話し言葉や書き言葉に「流用」してるでしょ？同じような流用を、英語でもやればいい、って話。**流用することで、知識や語彙は「使えるもの」として定着します。**読んだり聞いたりしても、「へえ」ってなっただけなら、定着しません。赤シートとかで散々記憶した「試験に出るターム」を、ほとんど忘れてしまうのは、その後、自分で考えたりするのに使わなかったからでしょ？「そういやさ、ニケア公会議でさぁ」なんて日常会話に使うのは試験期間中の高校生か、神学を学ぶ奴らだけだから。でも、自分の言葉にしたら定着するんですよこれが。

誰かに教えると自分の理解も深まる！ という原理とも同じ。ちなみに、自分の妄想やギャグネタに紐づけても定着しやすい。自分の脳みそを深く深く通り抜ければ、その言葉や知識は血肉になるってこと。

エッセイを書く話に戻るけど、英語のライティングとかディベートを一回でも経験したことある人ならわかるじゃん。「私は FIRST OF ALL, で BODY パラグラフを始めるが好きだけど、あの子は I WOULD LIKE TO BEGIN MY ARGUMENT

BY POINTING OUT THAT…と長ったらしく始めるのが好き」とか。どっちが正解とかなくて、好みと美学じゃん。けど、最初はみんな、典型的な5パラグラフエッセイの正解例とかを読んで、「あ、これ流用しよう」「この表現、いただき！」とかやるわけじゃん。

ここで私の美学を申し上げると、やはり TOEFL とか IELTS にピンポイントで対策したいのではなく、新しいことを学んだ楽しさと、それを人にシェアするときの感覚を大事にしたいので、このセクションの名前は、「HEY I LEARNED SOMETHING NEW TODAY !」にしている。

自分の友達や家族に、新しく習ったこれを楽しく伝えるには、どう紹介したらいいんだろう？　書き言葉で説明するなら、どうしたらいい？　このビデオはわかりやすさと楽しさを追求して体当たりなことをたくさんしていたけど、自分だったら何をどう工夫するだろう？　そんなことを考えながら、間違ってもいいから、書いてみてくださいね。

次のページには、見開き＆空の状態のワークシートを載せておくので、コピーして使ってね。

SUMMARY LOGIC TREE

MAIN POINT

ARGUMENT 1

ARGUMENT 2

ARGUMENT 3

DETAIL 1-1

DETAIL 2-1

DETAIL 3-1

DETAIL 1-2

DETAIL 2-2

DETAIL 3-2

CONCLUSION / TAKEWAY

VOCABULARY

HEY I LEARNED SOMETHING NEW TODAY!

INTRODUCTION

BODY 1

BODY 2

BODY 3

CONCLUSION

おわりに

名残惜しい限りだが、
召喚獣が吠えまくる『国外逃亡塾』の本文はここまでだ。
2019年度は教育乱世という意味でも、
世界的にも色々大荒れだった。

「2021年実施予定だったセンターの記述式試験が飛んだ」
「大学入試で、英語の外部試験導入が流れた」
が、最大のニュースになるかなと思ってたのに、
「そもそもパンデミックで新学期がGWまで始まらない」
「全国一斉休校でオンライン授業できる学校とそうでないところの差が出まくる」
なんていうことが目の前で起こっている。

世界的な景気の後退など懸念は尽きないが、
**有能かつ自分の運命を考えながら築ける冒険者が
必要とされなかった時代は無い。**

だからこそ
日本の若い世代の未来は明るい！

沈みかけた船から飛び降りる勇気を振り絞るシチュエーションが、
まだまだ世界的にリソースがある状態のうちに空から降ってきたに等しいのだから。

海外進学、なんて言葉を出した途端に
「それはお金持ちだけの選択肢」「日本人には向かない」と
一蹴するなかれ。
自分にも手が届きそうな宝の地図を提示された途端に、
みんなの目に希望が灯る瞬間を、何度も見てきた。

自分が何かを持っていないってことを嘆く前に、
持っていてラッキーだった何かの存在を確認しよう。
「自分なんて……」とどうしても思っちゃうのなら、
支給品の中に呪いのアイテムがないか確認しよう。

望遠鏡で少し遠くを見るだけで砂浜はすぐそこにあるし、
救命衣だってあるのだ。
自分だけ助かるのが後ろめたい、なんて思うことはない。
あなたを慕っている人間たちも一緒に沈んだら
元も子もないから。
むしろ、**飛び降りたあなたの背後に、**
ひとりでは勇気が出なかった人たちの列ができるなら、
あなたは立派なリーダーだ。
どうしてもというのなら、着地した先でリソースを集めて、
新しい船を創ってあげよう。
ステレオタイプな勇者だって、
村を出てチートな方法で強くならないと
自分が生きてるうちに村は救えないんだから。

2020 年 4 月　　　　　　　　　　　　　　　　白川寧々

〈著者プロフィール〉

白川寧々 （しらかわ・ねね）

起業家／教育革命家／国外逃亡者を守護する召喚獣。華僑。日中英のトライリンガル。

6歳で来日後、日本国籍取得。フェリス女学院中学・高校時代に独学で英語を学び、米国デューク大学に進学。卒業後、米国大手コンサルティングファーム勤務を経て、マサチューセッツ工科大学（MIT）MBA修了。在学中にMITの「創造しながら学ぶ」教育理念を英語学習に取り入れた英語習得メソッド「Native Mind」を開発し、MITソーシャルインパクト財団より出資を受ける。
2015年にタクトピア株式会社、2017年に「Future HACK」を創設。グローバルキャリアと日中英の3か国語能力を生かして現在までに世界20か国、累計15,000人の学生に対してアントレプレナーシップ教育を行う。また、2018年には「教員をグローバルリーダーに。」というミッションのもとに「Hero Makers」を創設。同事業は経済産業省「未来の教室実証事業」に採択された。九州大学、立命館大学、奈良先端科学技術大学院大学、大阪府立大学のコンソーシアムのもとで行われたアントレプレナーシッププログラム、Startup Hub Tokyo主催の起業家育成プログラムなどで、多数の起業家も輩出。
現在は「教育乱世」を提唱。著名起業家、教育者、宇宙飛行士などの日本内外のグローバルリーダーや、官公庁、全国各地の教員、企業人、大学生や高校生を巻き込みながら、教育の本質的なシフトを世界的に推し進めるための活動に取り組んでいる。
白川寧々チャンネル（YouTube）、ねねみそ相談サロン（Facebookグループ）でも活動中。

国外逃亡塾
普通の努力と少しばかりの勇気でチートモードな「自由」を手に入れる

発行日	2020年4月21日（初版）
著者	白川寧々（しらかわ ね ね）
編集・デザイン	株式会社アスラン編集スタジオ
印刷・製本	萩原印刷株式会社
発行者	田中伸明
発行所	株式会社アルク
	〒102-0073
	東京都千代田区九段北4-2-6
	市ヶ谷ビル
	Website：https://www.alc.co.jp/

©2019 Nene Shirakawa / ALC PRESS INC.
PC: 7020030
ISBN: 9784757436251

地球人ネットワークを創る

アルクのシンボル
「地球人マーク」です。